KB206044

영적 순례자들을 위한 40일 묵상

기도하며 함께 걷는

갈릴리의 길

Forty day Meditations for Spiritual Pilgrims

도서출판사 **TOBIA**

강신덕 목사는

서울신학대학교와 캐나다 벤쿠버 리젠트 칼리지에서 기독교교육과 제자훈련을 공부하고 기독교대한성결교회 총회 교육국에서 오랫동안 성서교재 만드는 일에 헌신했다. 현재는 샬롬교회 책임목사로 사역하고 있으며, 토비아선교회에서 순례와 말씀 아카데미 그리고 콘텐츠 선교로 헌신하고 있다. 그 외에 다양한 번역과 저술 활동에도 힘쓰고 있다. 저서로는 『성경여행』, 『예수의 길』, 『바울의 길』, 『결실』 등이 있다.

영적 순례자들을 위한 40일 묵상

기도하며 함께 걷는 갈릴리의 길

Forty day Meditations for Spiritual Pilgrims

1판1쇄 2021년 1월 25일

저자_강신덕
책임편집_오인표
디자인_오인표 김진혁
홍보/마케팅_지동혁
펴낸이_강신덕
펴낸곳_도서출판 토비아
등록_107-28-69342
주소_03383) 서울특별시 은평구 은평로 21길31-12, 4층
        T 02-738-2082 F 02-738-2083
인쇄_삼영인쇄사 02-2273-3521

ISBN: 979-11-971316-5-3   03230

영적 순례자들을 위한 40일 묵상

기도하며 함께 걷는

갈릴리의 길

Forty day Meditations for Spiritual Pilgrims

도서출판사 TOBIA

"갈릴리의 길" 묵상집은
순례하는 마음으로 믿음의 길을 가는 여러분을 위해 만들었습니다.

1. 일상에서 순례자로 말씀 묵상을 원하시는 분들에게 40일간의 묵상을 권합니다.
2. 성지 이스라엘 순례를 계획하신다면 이 묵상집과 함께 순례의 길을 떠나시기 바랍니다.
3. 사순절과 고난주간 그리고 부활절을 묵상하며 보내는 자료로 활용하실 수 있습니다.
4. 새벽기도와 같은 공동체의 의미 있는 기도와 말씀 나눔에 활용하셔도 좋습니다.

토비아선교회 유튜브채널

토비아선교회는 토비아 유튜브채널을통해 다양한 신앙콘텐츠를 제작하여 업로드하고 있습니다. 아래 QR코드를 스마트폰 카메라로 스캔하시면 토비아유튜브채널에서 제공하는 다양한 영상콘텐츠를 시청할 수있습니다.

랜선순례콘텐츠(예수의 길 편)는 토비아선교회가 제작하여 유튜브채널을 통해 공개한 영상 성지순례입니다. 예수님께서 사역하신 역사와 지리, 그 현장의 이야기와 깊은 묵상의 주제를 함께 나눕니다.

토비아선교회
유튜브채널

토비아선교회
랜선순례콘텐츠

Prologue 겸손한 사람들의 땅 갈릴리

나사렛 희망의 싹을 틔우는 길

가나 변화를 기대하는 길

가버나움 사람을 품는 길

벳새다 위로와 회복의 길

막달라 자유하게 하는 길

거라사 세상을 이기는 길

가이사랴 빌립보 십자가로 부르시는 길

Epilogue 부활의 아침

Forty day Meditations for Spiritual Pilgrims

Prologue

겸손한 사람들의 땅 갈릴리

가난한 자들의 땅 갈릴리

마태복음 4장 15~17절, 이사야 9장 1~2절

스불론 땅과 납달리 땅과 요단 강 저편 해변 길과
이방의 갈릴리여 흑암에 앉은 백성이 큰 빛을 보았고
사망의 땅과 그늘에 앉은 자들에게 빛이 비치었도다 하였느니라
이 때부터 예수께서 비로소 전파하여 이르시되
회개하라 천국이 가까이 왔느니라 하시더라

　　갈릴리는 하나님의 도리를 모르는 이방의 땅이요 율법을 어기는
죄인들의 땅이며 낮고 천한 땅의 사람들이 사는 곳이었습니다. 그 땅
사람들은 정복자 로마인들에게 굴종하며 살았고, 헤롯과 귀족들에게
고통당하며 살았으며, 동족 예루살렘의 지도자들에게 외면당한채 무
시당하며 살았습니다. 그들은 무식하고 무례한 변방의 촌뜨기였고,
하루 벌이로 겨우 사는 사람들이었으며, 절기도 안식일도 잊은 채 땅
만 바라보고 살아야 하는 사람들이었습니다. 그렇다고 누가 그들을
격려하고 가르치고 변화와 갱신으로 이끌지도 않았습니다. 세상 권
세가들이 볼 때 갈릴리 사람들은 그렇게 무지랭이로, 죄인인 채로 힘
없는 채로 있는 편이 옳았습니다.

　　예수님께서는 갈릴리 사람들에게 긍휼의 마음을 품으셨습니다. 예
수님께서는 갈릴리 사람들과 함께 동거하며 어울리는 가운데, 그들
의 병을 고치시고 삶을 회복시키셨으며, 하나님 나라가 그들의 것이
라 말씀하시고 그 가난한 삶을 축복하셨습니다. 예수님께서는 갈릴
리 사람들 가운데 제자들을 세우시고 천국 백성으로 살아가는 삶, 제
자의 도리를 가르치셨습니다. 예수님께서는 갈릴리를 품기도 하시

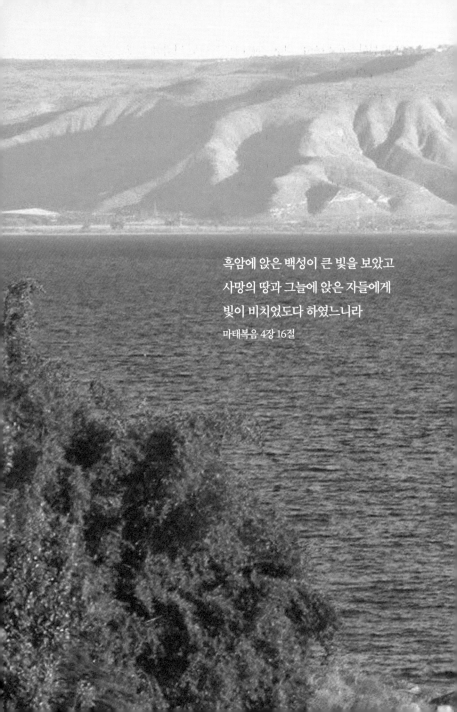

흑암에 앉은 백성이 큰 빛을 보았고
사망의 땅과 그늘에 앉은 자들에게
빛이 비치었도다 하였느니라
마태복음 4장 16절

고 대립하기도 하시며, 그들 가운데서 하나님 나라를 일구어 가셨습니다. 무엇보다 예수님께서는 당신이 사랑하신 갈릴리 사람들을 위해 십자가를 지셨습니다. 그것이 끝이 아니었습니다. 예수님께서는 죽음의 자리에서 부활하셔서 갈릴리 사람들에게 가셨습니다. 그리고 갈릴리 그 사람들에게 당신의 부활을 알리셨습니다.

예수님께서는 오늘도 우리의 갈릴리로 오십니다. 우리가 바로 갈릴리 사람이라는 지극한 현실을 깨달으면 우리 삶의 자리가 갈릴리가 됩니다. 예수님께서 오늘 우리 갈릴리에 오셔서 우리의 가난함을 돌아보아 주시고 우리의 고통과 절망, 우리의 좌절을 기쁨과 희망 그리고 다시 일어설 담대함으로 새롭게 하십니다. 가난한 우리를 축복하시고 당신의 제자로 삼으시며 십자가 능력으로 세상을 다스리고 세상 권세를 이길 힘을 주십니다. 삶의 자리에서 가난하지만 겸손한 심령이 되고 내 삶에 대해 겸손한 마음을 품게 되는 시간, 그때 예수님께서는 우리에게 오셔서 우리의 참 목자가 되어 주십니다. 내 삶의 가난한 자리, 그 곳을 갈릴리라 쓰고 주를 기다리며 예수님의 갈릴리 이야기를 묵상합시다.

토비아 & 샬롬교회에서

강신덕

Forty day Meditations for Spiritual Pilgrims

나사렛

희망의 싹을 틔우는 길

Forty day Meditations for Spiritual Pilgrims

나사렛
희망의 싹을 틔우는 길

절망하는 이방인들

마태복음 4장 15~16절

스불론 땅과 납달리 땅과 요단 강 저편 해변 길과 이방의 갈릴리여
흑암에 앉은 백성이 큰 빛을 보았고 사망의 땅과 그늘에 앉은 자들에게
빛이 비치었도다 하였느니라

    갈릴리라 불리는 지방의 구석, 로마 사람들이 통치의 중심으로 삼았던 세포리스Sephoris로부터 약 10킬로미터 떨어진 곳에 나사렛Nazareth이 있었습니다. 나사렛은 한미한 곳이었습니다. 나사렛에는 오래전부터 사람이 살기는 했으나 이스르엘Jezreel 평원에서 전쟁이라도 일어나려 하면 도망쳐 숨어들던 산간 도피처에 불과했습니다. 나사렛은 점점 처음 빚을 갚지 못하거나 세금을 내지 못한 가난한 이들이 사람들의 눈을 피해 살던 곳이 되었습니다. 자기들 사는 곳이 알려지기를 꺼리던 곳이 바로 나사렛이었습니다. 예수님께서 태어나기 100년 전쯤에 예루살렘의 통치자들은 갈릴리 일대를 개발하면서 유대인 가운데 일단의 가난한 사람들을 이주시켰습니다. 그때 나사렛도 알려지게 되었고 제법 사람들이 사는 마을이 만들어졌습니다.

    나사렛 사람들은 모두 가난했습니다. 지주의 땅에서 소작하거나 혹은 세포리스 같은 도시에서 날품팔이하는 사람들이 대부분이었습니다. 그들은 숨죽이며 사는 사람들이었습니다. 큰소리라도 날라치면 나사렛 같은 마을들은 로마나 헤롯에 의해 한순간 쑥대밭이 될 수 있음을 잘 알았기에, 그들은 잰걸음으로 조용히 살아가는 법을 몸과

예수님이 나고 자라신 나사렛. 오늘날에는 번화한 순례자들의 도시로 크게 성장했다. 해마다 많은 순례자들이 도시를 방문해 활기를 더한다.

마음에 익혔습니다. 갈릴리의 권세를 품은 사람들이나 심지어 예루살렘과 유다의 도시로부터 온 사람들, 심지어 막달라 같은 번화한 곳에서 온 사람들은 이 볼 것 없는 마을과 사람들을 함부로 여겼습니다. 그들은 갈릴리 사람들 특히 나사렛 사람들을 이방인 취급했습니다. 나사렛 사람들은 유대인으로서 모든 종교 문화적 규범들을 지키고 살면서도 하찮은 이방인으로 대접받았습니다.

나사렛 사람들은 "흑암에 앉은 백성"이었습니다. 그들은 하나님께서 그들의 조상에게 약속하신 땅, 납달리 지파와 스불론 지파의 땅에서 살면서도 빛 가운데 당당하게 살지 못하고 어둠 가운데 살고 있었습니다. 그때 어둠 가운데 앉은 그들에게 예수님께서 오셨습니다. 예수님께서는 나사렛 사람들에게 하나님의 생명의 빛을 비추셨습니다. 오늘 예수님께서는 세상 그 누구로부터도 온전한 대접을 누리지 못한 채 어둠 가운데 있는 당신에게 오십니다. 그리고 당신의 어두운 장막을 걷어내시고 생명과 희망의 빛을 비추십니다. 오늘, 재 위에 앉아 슬피 울며 삶의 희망을 간구하는 여러분에게 빛이신 예수님께서 오십니다. 이제 예수님께서 내미시는 손을 잡으십시오.

나사렛의 기도

주여, 재 위에 앉아 기도합니다. 어두운 내 삶에 빛으로 오소서

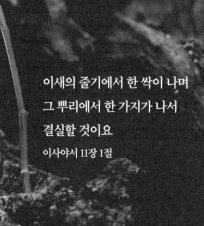

이새의 줄기에서 한 싹이 나며
그 뿌리에서 한 가지가 나서
결실할 것이요

이사야서 11장 1절

굳은 마음을 가진 사람들

에스겔 2장 4절

이 자손은 얼굴이 뻔뻔하고 마음이 굳은 자니라
내가 너를 그들에게 보내노니 너는 그들에게 이르기를
주 여호와의 말씀이 이러하시다 하라

갈릴리에는 약 200여 개의 마을과 도시가 있었습니다. 도시와 마을에는 당시 갈릴리의 복잡한 통치 구조만큼이나 여러 종류의 지배자들이 존재했습니다. 분봉왕 헤롯의 신하들은 자기들이 갈릴리의 실질 지배자임을 폭력적으로 드러냈고, 로마의 관리들과 세금징수업자들은 더 많은 세금을 거두어들이기 위해 강압적이었습니다. 그 가운데 회당synagogue은 갈릴리 유대인들을 위한 본연의 사명을 잊었습니다. 그곳에는 갈릴리 사람들을 힘들게 하는 또 다른 지배자들이 있었습니다. 그들은 헤롯의 신하들이나 로마의 지배자들과는 전혀 다른 차원에서 도시와 마을의 지배자들이었습니다. 그들은 회당의 '모세의 자리'에 앉아 사람들 머리 위에 군림했습니다. 그들은 헤롯이나 로마와는 또 다른 차원의 세금이랄 수 있는 성전세를 거두어들였습니다.

갈릴리와 같은 작은 마을에는 헤롯의 신하나 로마의 관리는 없었더라도 예루살렘으로부터 온 종교지도자들은 늘 상주했습니다. 그들은 마을 중심에 선 회당에 앉아 사람들의 삶을 일상의 순간에까지 파고들어 지배했습니다. 회당 사람들은 거기 높은 자리에 눌러 앉아 사람들을 지배하고 통제했습니다. 나사렛의 회당은 하나님과 하나님의

나사렛의 회당. 나사렛에는 예수님 시대 일상을 복원한 마을이 있다. 사람들은 그곳에 예수님 시대 회당도 함께 복원해 두었다.

백성 사이 참 진리의 말씀이 소통하는 길을 막아섰습니다. 그들은 병목 입구에 단단히 서서 자기들이 좋다고 여기는 것 외에 무엇도 왕래할 수 없도록 했습니다. 그들은 나사렛 사람들이 오직 자기들이 읽고 해석하는 식으로만 모세의 말씀과 율법을 나누기를 바랐습니다. 성경해석이 조금이라도 그들의 것과 다르기라도 하면 그 사람은 당장 회당과 마을에서 쫓겨나곤 했습니다.

나사렛은 예수님마저도 받아들이지 않았습니다. 사람들은 예수님을 그들이 오래 알던 "목수 요셉의 아들"로만 보고 예수님의 말씀과 사역에 대해 마음을 닫았습니다. 예수님께서는 결국 "선지자가 고향에서 환영받지 못한다"라고 한탄하셨습니다.눅 4:24 예수님 앞에 선 나사렛 사람들, 특히 회당 사람들은 그 "얼굴이 뻔뻔하고 마음이 굳은 사람들"이었습니다. 하나님의 말씀은 부드럽고 좋은 밭에서야 싹을 틔우고 온전히 결실합니다.마 13:23 오직 하나님의 뜻을 간절히 구하는 이들에게야 구원의 길이 열리게 되는 것입니다. 오늘, 예수님을 맞이할 마음의 준비가 되어 있는지 살피고 자신을 겸비하여 주님께 나아갑시다.

나사렛의 기도

주여, 겸손하게 낮추어 기다리오니 말씀하옵소서. 내가 듣겠습니다.

새로운 가지로 움트는 자리

이사야 11장 1절

이새의 줄기에서 한 싹이 나며
그 뿌리에서 한 가지가 나서 결실할 것이요

나사렛의 유래는 명확하지 않습니다. 그래서 히브리어에서 같은 자음을 사용하는 나찌르natzir, 혹은 네쩨르netzer에서 그 의미를 찾을 수 있지 않을까 생각하기도 합니다. 그런데 이 두 단어가 갖는 의미가 남다릅니다. 나찌르는 '구별되어 거룩한 사람'이라는 뜻, 즉 '나실인'을 말합니다.민 6:2-8 반면 '네쩨르'는 '작은 가지'를 의미합니다. 이사야서 11장에 등장하는 '이새의 줄기에서 나는 한 가지'가 바로 이것입니다. 이렇게 보면 나사렛은 거룩한 사람 예수님이 난 동네이며, 새로운 이스라엘로서 감람나무의 싹이 예수님에게서 돋아난 곳이 됩니다. 어쨌든 나사렛이라는 동네가 워낙 한미한 곳이어서인지 사람들은 초대교회 지도자들이 이사야서 11장에서 '네쩨르'를 가져와 예수님과 연결했다고 보기도 합니다. 흥미로운 이야기입니다.

이사야서 11장이 말하는 '작은 가지'는 이사야서 전체가 말하고자 하는 하나님의 백성 회복 프로젝트의 중요한 실마리입니다. 이사야가 전하는 하나님의 회복과 부흥의 실마리들은 모두가 한결같이 작은 것, 연약한 것, 무언가 결핍되고 부족해 보이는 것들입니다. 이사야서에서 하나님께서는 그루터기로 구원의 거룩한 씨를 내시고,사 6:13

수태고지교회. 마리아가 천사로부터 예수를 낳으리라는 이야기를 들은 곳 위해 멋진 가톨릭 교회가 세워졌다. 마리아의 집 터 위에 지어졌다고 알려져 있다.

한 아기에게서 희망의 능력을 보이시며,사 9:6 그리고 작은 가지에서 새로운 미래가 열리도록 하십니다.사 11:1 하나님께서는 이 작은 것들을 통해 우리가 상상할 수 없는 새로운 나라, 하나님의 은혜 가운데 모든 것이 조화로운 나라를 펼치십니다.사 11:6-10 하나님의 구원과 회복의 역사가 이토록 작은 것들에서 그리고 보잘것없는 것들에서 시작되고 성취된다는 것은 놀라운 일입니다.

당대 사람들이 알지 못하던 한미한 곳, 나사렛에서 자라신 예수님은 이사야가 예언하던 그 작은 가지, 어린아이를 의미합니다. 사람들은 나사렛과 같이 작은 곳, 보잘것없는 곳에서는 무엇 하나 기대할 것이 없으리라 여겼습니다.마 21:11 그러나 하나님께서는 무엇도 기대할 것이 없는 그곳에서 작은 가지를 내셨고 세상을 온전하게 할 당신의 새 이스라엘을 세우셨습니다. 우리가 바라고 예측하여 기대하던 것보다 하나님의 뜻과 계획을 주목해야 합니다. 우리 눈에 제아무리 보잘것없는 것이어도 하나님은 그것을 통해 크고 놀라운 일을 보이십니다. 우리의 굳어버린 마음 한쪽에서 돋아나는 작은 가지를 주목하십시오. 하나님의 일들은 거기서 시작됩니다.

나사렛의 기도

기대와 소망이 무너진 곳에서 기도합니다. 주여, 당신의 큰일을 이루소서.

구원의 길을 여신 길

누가복음 4장 28~30절

회당에 있는 자들이 이것을 듣고 다 크게 화가 나서 일어나
동네 밖으로 쫓아내어 그 동네가 건설된 산 낭떠러지까지 끌고 가서
밀쳐 떨어뜨리고자 하되 예수께서 그들 가운데로 지나서 가시니라

    회당은 성전을 잃은 유대인들이 하나님의 말씀을 배우며 신앙을
전수하고 예배하는 곳이었습니다. 그들은 안식일이면 회당에 모여
'쉐마'shema, 신 6:4-9, 11:13-21를 고백한 후 성경 구절들을 읽었습니다. 그날
읽을 성경 말씀은 성구집lectionary내에서 주어졌습니다. 이때 성경을 읽
는 것은 서서하고 그 해석과 설교는 앉아서 하는 것이 일반적이었습
니다. 이 시대 회당은 모세오경만을 성경으로 여겼습니다. 물론 예언
서들도 하나님의 말씀으로 여겼지만, 그 책들은 자유로운 해석이 난
무해 인용된 경우가 거의 없었습니다. 회당의 지도자들은 자기들이
선택한 모세오경의 구절을 자기들이 선택한 사람들이 읽게 하고, 자
기들이 선택한 사람들이 그것을 해석하게 했습니다. 그것은 회당 지
도자들과 참석자들이 당연하게 여긴 관례였습니다.

    예수님께서 안식일에 고향 나사렛의 마을 회당에 가셨습니다. 예
수님께서는 순서가 아님에도 사람들에게 이사야서를 달라고 하신
후, 그것을 받아들고 서서 이사야 61장의 말씀을 낭독하셨습니다.
"주의 성령이 내게 임하셨으니 이는 가난한 자에게 복음을 전하게 하
시려고 내게 기름을 부으시고 나를 보내사 포로된 자에게 자유를, 눈

가브리엘 교회. 마리아의 우물 근처에 세워진 천사 가브리엘을 기념해 지은 교회다. 기쁜 소식을 전하는 천사의 목소리가 들리는 듯 하다.

먼자에게 다시 보게 함을 전파하여 눌린 자를 자유롭게 하고 주의 은혜의 해를 전파하게 하려 하심이라."눅 4:18-19 이어서 예수님께서는 자리에 앉으시고서 "이 글이 오늘 너희 귀에 응하였다"고 선언하셨습니다.눅 4:21 사람들은 놀라워하면서도 예수님께서 선포하신 말씀을 받아들이지 않았습니다. 그들은 오히려 굳은 마음으로 분노를 드러냈습니다. 그리고 예수님을 마을 앞 벼랑으로 끌고 갔습니다. 거기서 예수님을 떨어뜨려 죽이려 한 것입니다. 그때 예수님께서는 그들의 굳어버린 마음과 태도 한가운데를 뚫고 지나가셨습니다.눅 4:30 예수님께서는 나사렛의 벼랑 끝, 굳어버리고 죽은 옹이 같은 사람들 틈에서 이사야가 전한 '작은 가지'의 의미를 보이셨습니다.

예수님께서는 죽은 옹이에서 여리지만 강인한 새싹이 나서 그 나무를 새롭게 하듯 나사렛 사람들의 죽어버린 영혼과 마음 사이를 뚫고 새로운 이스라엘을 시작하셨습니다. 예수님의 사역은 우리의 죄와 교만이 가득한 곳, 우리의 굳어버려 죽은 것 같은 곳에서 시작됩니다. 편견과 교만과 자기주장으로 단단하게 굳어버린 곳, 그곳이 바로 예수님께서 우리를 위한 사역을 시작하시는 곳입니다.

나사렛의 기도
우리 완악함의 실체를 보게 하소서. 바로 거기서 당신과 함께 시작하겠습니다.

Forty day Meditations for Spiritual Pilgrims

가나
변화를 기대하는 길

Forty day Meditations for Spiritual Pilgrims

가나

변화를 기대하는 길

구원을 기다리는 자리

시편 106편 47절

여호와 우리 하나님이여 우리를 구원하사 여러 나라로부터 모으시고
우리가 주의 거룩하신 이름을 감사하며 주의 영예를 찬양하게 하소서

사마리아와 예루살렘이 완전히 멸망한 후 북이스라엘과 남유다의
백성들은 앗수르와 바벨론에 포로로 잡혀갔습니다. 이방의 땅에서
살게 된 사람들은 옛날 조상들이 애굽 땅에서 종살이할 때 구원받았
던 것처럼 동일한 은혜가 그들에게 임하기를 바랐습니다.시 80:8-15 그
러나 구원은 쉽게 성취되지 않았습니다. 바벨론New Babylonia에서의 포
로생활이 끝나고 페르시아Persia의 지배도 끝났지만, 하나님의 온전한
구원의 날은 온전히 임하지 않았습니다. 알렉산더Alexander the Great와 헬
라제국들Hellenistic Empires 그리고 로마제국Roman Empire의 지배가 계속되
었습니다. 하나님의 백성들은 "어느 때까지" 기다려야할지 물으며
구원을 탄원했습니다.합 1:2 그러나 하나님께서는 오히려 온전한 구원
의 그 날을 위해 "기다리라"고만 말씀하십니다.단 12:13

사실 기다림은 하나님의 백성들에게 유전자와 같은 것이 되어 있
습니다. 아브라함과 족장들은 약속하신 땅에 정착하고 자손의 번영
을 약속받았지만 믿음 가운데 오랫동안 그때를 기다려야 했습니다.
애굽 땅에서 살던 히브리 사람들은 430년 동안이나 노예생활을 하며
하나님의 구원의 때를 기다렸습니다. 바벨론에서의 포로생활은 70년

혼인잔치 기념교회. 예수님께서 물을 포도주로 바꾸셨다는 곳 위에 세워진 가톨릭 성당이다.
이곳 지하에 옛 회당터가 있다.

세월을 기다리는 인고의 시간이었습니다. 하나님께서 당신의 백성들
을 구원하실 날을 기다리는 일은 이후에도 계속 이어졌습니다. 참 메
시아가 그들의 땅에 참 구원자로 오시기까지 그들은 인내하며 기다

리고 하나님께 탄원했습니다.마카비하 1:27-29 그 모든 시간에 그들은 포로
된 사람들의 슬픈 모습으로, 흩어져 압제당하는 사람들의 아파하는
모습으로 기도하며 노래를 불렀습니다. "여호와여 우리 하나님이여
우리를 구원하사 여러 나라로부터 모으소서."시 106:47

　　그래서 하나님의 백성의 기다림은 막연한 좌절의 시간이 아닙니
다. 기다림 가운데 하나님의 백성은 스스로 겸비하여 죄로부터 자기
를 돌이키고 온전하게 하는 일을 수행합니다. 그렇게 하루하루를 오
실 그날을 소망하며 온전하게 살아갑니다. 그런 가운데 생각보다 더
디 오시는 하나님을 향해 탄원하기도 합니다. 그래서 요한의 계시록
에는 하나님의 백성의 이런 탄원이 등장하기도 합니다. "거룩하고 참
되신 대주재여 땅에 거하는 자들을 심판하여 우리 피를 갚아 주지 아
니하시기를 어느 때까지 하시려 하나이까."계 6:10 신앙에서 기다림은
아픔과 슬픔의 시간이지만 오신다는 약속을 확신하며 자리를 지키는
신실함입니다.

가나의기도

주님 오늘 우리의 현실이 너무 아프고 힘듭니다. 어서 오셔서 우리를 구원하여 주소서.

신실한 기다림의 자리

요한복음 1장 48절

나다나엘이 이르되 어떻게 나를 아시나이까
예수께서 대답하여 이르시되 빌립이 너를 부르기 전에
네가 무화과나무 아래에 있을 때에 보았노라

　무화과나무fig tree는 신기한 나무입니다. 무화과나무는 겉으로 꽃을
피우지 않습니다. 무화과나무는 우리가 흔히 열매라고 알고 있는 꽃
받침이 불룩하게 되어 그 안쪽에 암수가 함께 꽃을 피웁니다. 암수
꽃은 보이지 않는 꽃받침 속에서 수정하고 씨앗을 낸 뒤 과육을 품어
우리가 아는 무화과 열매가 됩니다. 우리나라와 같은 아열대 혹은 온
대지방에서 이 나무는 상록常綠나무입니다. 그렇지만 중동에서는 다
릅니다. 성경의 땅에서 무화과나무는 늘 푸른 나무가 아닙니다. 사실
무화과나무는 중동 지역이 원산지이고 특히 팔레스타인 일대에서 잘
자랍니다. 나무는 6월이 되기 전에 잎사귀를 내고 8월에서 9월 사이
에 열매를 맺게 됩니다. 이것이 우리가 일반적으로 성경에서 보게 되
는 여름 무화과 열매입니다.

　무화과나무는 성경시대 내내 평화와 번영을 상징하는 나무였습니
다.왕상 4:25; 미 4:4; 슥 3:10 성경시대 유대인들은 하나님께서 베푸시는 평안
한 삶을 "무화과나무 아래" 앉아 있는 모습으로 곧잘 묘사했습니다.
무화과나무는 실제로 사람들에게 먹을 것과 쉼을 주었습니다. 말하
자면 무화과나무는 현실적으로나 상징적으로나 삶의 평안과 안녕을

무화과나무. 예로부터 사람들은 무화과나무가 결실하는 때를 메시아의 때라고 여겼다. 나다
나엘의 행동에는 나름 의미가 있었다.

의미하는 것입니다. 예수님 시대에 이르러 이 무화과나무는 기대감
을 표현하는 장소로 묘사되곤 했습니다. 사람들은 무화과나무를 바
라보며 하나님의 구원의 때를 말하기도 했습니다. 그래서 예수님께

서는 잎사귀가 나기 시작한 무화과나무에 다가가서 그 결실을 볼 수 있을까 기대하는 마음을 드러내셨습니다.^{막 11:13} 무화과의 결실을 하나님 구원의 실현으로 빗대어 보신 것입니다.

예수님께서 갈릴리로 나가시는 길에 가나_{Cana}를 지나실 때 거기 무화과나무 아래 앉아 있는 나다나엘을 보셨습니다. 예수님께서는 신실한 사람 나다나엘이 무화과나무 아래 앉아 있는 이유를 아셨습니다. 그는 마음 깊이 하나님의 구원을 기다리는 사람이었던 것입니다. 나다나엘은 기도하는 가운데 무화과나무 아래 앉아 하나님께서 베푸실 평안의 결실, 무화과나무의 결실을 기다리는 진정한 이스라엘, 하나님의 백성이었습니다. 하나님의 백성의 기다림은 소극적으로 위축되어 물러선 상태가 아닙니다. 하나님의 백성의 기다림은 하나님께서 오시는 길목에 한발 앞으로 나아가 서서 그 오심을 적극적으로 주목하는 것입니다. 하나님의 백성은 흔들림 없이 신실하여 구원의 하나님께서 오시는 길목에서 기다리는 사람들입니다.

가나의 기도

주님 오실 그 길에 흔들림 없이 서서 주께서 결실을 베푸시는 날을 기다리게 하소서.

실망과 좌절의 갈릴리

요한복음 1장 46절

나다나엘이 이르되 나사렛에서 무슨 선한 것이 날 수 있느냐
빌립이 이르되 와서 보라 하니라

갈릴리는 차별받는 땅이었습니다. 갈릴리에 산다는 것은 당대 유대인의 삶에서 변두리에 서 있음을 의미했습니다. 갈릴리에 있는 한 출세할 수 있는 길은 열리지 않았습니다. 갈릴리에 산다는 것은 대체로 시골뜨기 삼류 인생을 사는 것이었습니다. 갈릴리 사람들은 예루살렘 중심의 신앙생활이 거의 가능하지 않아 종교적인 의righteousness를 얻을 수 없었습니다. 갈릴리 사람들은 도시적 화려함과는 거리가 먼 사람들이어서 늘 "땅의 사람들"am ha'aretz라는 조롱 섞인 말을 들어야 했습니다. 그들이 촌스러운 억양을 무릅쓰고서 "나의 친구여, 어서 오시오. 내가 당신에게 우유를 먹게 할 것이오."라고 말하면, 사람들은 "내 악한 자여, 사자가 너를 삼킬 것이다."로 알아듣는 수도 있었습니다. 한 마디로 갈릴리에서는 선한 것이 없었습니다.

예수님 시대 사람들은 갈릴리 땅을 선한 기대감으로 바라보지 않았습니다. 사람들은 특히 하나님의 선한 일들이 그 천하고 무례하며 무도한 갈릴리에서 일어나지는 않으리라 생각했습니다. 사람들 가운데 누군가는 갈릴리에서 선지자와 메시야가 나오리라는 기대를 갖기도 했지만, 대부분은 그곳에서 그리스도 메시야가 나오리라는 생각

오늘날의 가나. 오늘날에는 가나보다 나사렛이 더 번화했다. 그러나 예수님 시절 가나는 많은 상인들과 관리들이 상주하는 큰 마을이었다.

은 아예 품지도 않았습니다.요 7:41 한번은 예수님을 만나 깊은 깨달음을 얻은 적이 있는 니고데모가 그곳 갈릴리의 소망과 가능성에 대해 언급하기도 했습니다. 그때 사람들은 "너도 갈릴리에서 왔느냐"고 몰아세우며, "찾아보라 갈릴리에서는 선지자가 나지 못하느니라"고 일축해 버렸습니다.요 7:52 갈릴리는 어디서나 누구에게나 실망과 좌절의 대명사였습니다.

가나의 무화과나무 아래 앉아 있던 나다나엘은 친구 빌립에게 예수님에 대한 이야기를 들었습니다. 빌립은 그에게 선지자를 만났다고 말하며 "요셉의 아들 나사렛 예수"라고 말했습니다.요 1:45 이야기를 들은 나다나엘은 즉시 빌립에게 이렇게 말했습니다. "나사렛에서 무슨 선한 것이 날 수 있느냐."요 1:46 나다나엘의 마음에는 갈릴리에 대한 어떤 기대감도 없었습니다. 그는 누구보다 하나님의 구원을 기대하는 마음을 품고 있었지만, 그것이 갈릴리에서 구현되리라는 것은 상상조차 하지 않았습니다. 누구보다 신실한 나다나엘이었어도 갈릴리는 불가능의 땅이었습니다. 예수님은 스스로 불신하는 우리의 삶의 현실로 오셔서 거기서 희망의 불씨를 다시 살리시는 분이십니다. 오늘 스스로조차 포기한 실망과 좌절의 팻말을 내리고 희망으로 오시는 예수님을 영접합시다.

가나의 기도

나 자신도 포기한 곳, 그 자리로 기꺼이 오시는 예수님을 믿는 마음으로 영접합니다.

의심스러운 부르심

요한복음 1장 45절

빌립이 나다나엘을 찾아 이르되 모세가 율법에 기록하였고
여러 선지자가 기록한 그이를 우리가 만났으니 요셉의 아들 나사렛 예수니라

예수님 시대에는 자신을 메시아messiah라고 외치는 사람들이 많았
습니다. 이런 사람들은 특히 갈릴리에 많았습니다. 그들은 가난하고
억압받는 사람들이 많았던 갈릴리에 해방을 가져다주겠다고 외쳤습
니다. 가장 먼저 주전 47년 히스기야Hezekiah라는 사람이 나타났습니
다. 그는 젊은 갈릴리 총독 헤롯에게 붙잡혀 처형당했습니다. 주전 4
년에는 히스기야의 아들 유다Judah가 갈릴리에서 다시 봉기를 일으켰
습니다. 그는 스스로 왕이 되었다가 로마군에 진압당했습니다. 이때
유다는 도망쳤다가 주후 6년 다시 봉기를 일으켰습니다. 사도행전 5
장은 그가 결국 죽고 망하고 말았다고 증언하고 있습니다.행 5:37 사도
행전은 이외에도 드다Theudas라는 사람도 스스로 일어나 사람들을 현
혹했다고 말합니다.행 5:36 갈릴리에는 자칭 메시아라 외치는 사람들
숫자만큼이나 사람들의 의심도 많았습니다.

갈릴리 사람들은 한편으로 메시아의 도래를 소망하면서도 다른 한
편으로 여기저기 자칭 메시아라고 주장하는 사람들 때문에 실망하
기도 하면서 힘든 현실을 이어갔습니다. 메시아라는 사람이 나타나
면 언제나 반란과 잔인한 진압이 뒤따랐고 그 덕분에 갈릴리 사람들

가나 바돌로매(나다나엘) 기념교회. 빌립의 친구이자 예수님의 제자인 나다나엘을 기념하여 지어진 교회다. 가나혼인잔치 기념교회로 가는 길목에 있다.

은 많은 희생과 고통을 겪어야 했습니다. 그렇게 시간이 지나면서 갈릴리 사람들은 자칭 메시아라고 주장하는 사람들에게 염증을 느끼기 시작했습니다. 갈릴리 사람들은 한편으로 메시아를 외치는 이들의

기다릴 수 있는가.
기다리는 사람의 마음에는 언제나
의심과 확신이 교차한다.

폭력을 두려워하기도 했습니다. 그래서 누군가 나타나 "구원자"라거나 "선지자" 혹은 "메시아"라고 하면 몸을 사리며 의심의 눈길을 먼저 앞세웠습니다.

가나의 나다나엘은 친구 빌립이 전하는 말을 경계했습니다. 무화과나무 아래 신실한 사람 나다나엘은 친구가 전하는 말이 또 다른 미치광이의 등장이 아닐까 의심했습니다. 그는 친구가 전하는 예수라는 사람도 언젠가 스스로 망하고 사라지게 되리라 생각했습니다. 사실 예수님께서도 이런 말씀을 하셨습니다. "사람들이 너희에게 말하되 보라 그리스도가 광야에 있다 하여도 나가지 말고 보라 골방에 있다 하여도 믿지 말라."마 24:26 나다나엘이 품었던 의심과 불신은 오늘에도 이어집니다. 오늘 우리의 삶과 믿음의 현장 역시 예수님 시대 갈릴리처럼 참 진리와 구원의 길이 의심을 받고 있습니다. 예수님께서는 그런 우리에게 "와서 보라"고 말씀하십니다.요 1:39 믿으니 따르는 길이기보다 믿기 위해 따르는 길, 예수님께서는 의심을 품고 주저하는 우리에게 그 길을 제안하십니다.

가나의 기도

믿음의 탐구자가 되어 확신을 위한 부르심의 길을 나서게 하소서.

새 희망으로 가득한 잔치

요한복음 2장 11절

예수께서 이 첫 표적을 갈릴리 가나에서 행하여
그의 영광을 나타내시매 제자들이 그를 믿으니라

예수님께서는 기사wonder와 이적miracle을 많이 보이셨습니다. 예수님께서는 폭풍을 잠잠하게 하셔서 제자들을 놀라게 하기도 하셨고마 8:26-27, 또 죽은 소녀를 "달리다굼"Talitha koum이라는 한 마디로 일으켜 세우기도 하셨습니다.마 5:41 예수님의 기사와 이적은 예수님의 신적인 능력을 드러내 보이기도 하는 반면, 고난과 고통 가운데 있는 당신의 양떼들을 향한 긍휼과 사랑의 표현이기도 했습니다. 그런데 예수님께서는 표적sign이라는 것을 보이기도 하셨습니다. 표적은 그저 기이하고 놀라운 기적과 같은 일이 아닙니다. 표적은 기이하고 놀라운 하나님의 일이기는 하지만 그 의도와 목적이 분명합니다. 그것은 일종의 예고豫告이며, 표시表示입니다. 표적은 말하자면 앞으로 나타날 일을 미리 보여주는 것이고, 그런 종류의 일들이 일어나리라는 예표입니다.

하나님께서는 예언자들을 통해 앞으로의 일들을 말씀하시면서 세상과 사람들의 근본적이고 질적인 변화를 예고하셨습니다. 하나님께서는 당신의 피조물, 인간 그리고 하나님의 백성을 근본으로부터 새롭게 하는 일에 깊은 관심을 갖고 계십니다. 그래서 하나님께서는 우리의 근간으로서 "마음과 영을 새롭게"할 것을 격려하십니다.겔 18:31

물을 담는 항아리. 물로 씻어내어 근본이 정결하게 될 수 있다고 믿었던 시대, 예수님의 포도주 사건은 놀라운 종교적 변화를 예고하는 일이었다.

하나님께서는 마치 새로운 창조를 하시듯 모든 것을 새롭게 하셔서 궁극의 변화를 일으키십니다. 이런 변화는 희망 없는 마른뼈가 되살아나 큰 군대가 되는 것과 같은 것입니다.겔 37:5 이 모든 일은 처음 창

조하실 때 성령으로 하셨듯 동일한 하나님의 창조의 영으로 이루어 집니다.겔 36:26

가나의 혼인잔치에서 예수님께서는 표적을 보이셨습니다. 예수님께서는 마침 잔치집에 포도주가 다 떨어졌다는 말을 들으시고 그곳 정결예식에 쓰는 항아리 물로 포도주를 만드는 일을 보이셨습니다. 앞으로 이루실 변화의 의미와 방향을 표적sign, semeion으로 보이신 것입니다. 그렇게 갈릴리 가나의 잔칫집은 새로운 희망으로 가득하게 되었습니다. 제자들은 이제부터 예수님과 함께하며 더 큰 표적을 목격하고 경험할 것입니다. 빌립이나 나다나엘(혹은 바돌로매)과 같은 제자들은 근본으로부터 일어나는 변화를 주도하게 될 것입니다. 바울 역시 이런 근본적인 변화에 대해 경험과 기대감이 충만했습니다. 그래서 그는 사람들에게 "이 세대를 본받지 말고 오직 마음을 새롭게 함으로 변화를 받으라"고 권면했습니다.롬 12:2 예수님께서 일으키시는 근본과 본질의 변화는 오늘도 가능합니다. 오늘 예수님께서 벌이시는 본질이 변하는 생명의 잔치에 나아가십시오. 우리에게는 이미 초대장이 주어져 있습니다.

가나의기도

예수님께서 보이신 변화의 표적이 오늘 내 삶과 사역의 원동력이 되어 주소서.

더 큰 변화를 향한 길

요한복음 1장 50절

예수께서 대답하여 이르시되 내가 너를 무화과나무 아래에서
보았다 하므로 믿느냐 이보다 더 큰 일을 보리라

가나Cana는 왕의 대로King's Highway와 갈릴리 호수 그리고 지중해변의
돌레마이Ptolemai로 이어지는 상업적인 경로의 중간에 있었습니다. 주
변 네토파 평원에서 농사를 짓는 사람들도 있었으나, 가나 사람들은
대부분 유통에 관련하거나 혹은 상인들을 상대로 생업을 가졌습니
다. 물류가 오가는 곳에는 항상 돈과 정보도 유연하게 유통됩니다. 그
런 곳에서는 한편으로 돈만 있다면 그 무엇도 가능하다는 물질 만능
의 사고가 만연합니다. 가나 역시 그런 곳이었습니다. 그런데, 가나와
같은 곳은 만연한 물질 만능의 가치관만큼이나 사람과 세상의 변화
에 대한 기대감도 낮습니다. 그곳 사람들은 사람과 세상에 대해 부정
적인 편견을 갖고 있습니다. 나다나엘을 비롯한 갈릴리 사람들 대부
분이 바로 여기에 머물러 있었습니다. 그들은 스스로의 변화 가능성
에 대해 누구보다 부정적이었습니다.

하나님께서는 자기만의 편견에 빠진 이들의 생각을 깨시고 그들
을 넘어서는 일들을 펼치십니다. 하나님께서는 자식을 보는 일을 의
심하며 웃음 짓는 사라에게 "기한이 이를 때에...사라에게 아들이 있
으리라"고 선언하십니다.창 18:14 하나님께서는 니느웨를 구원하시려는

키르벳 가나. 예수님께서 물을 포도주로 바꾸신 사건은 순례자들의 마을 카푸르 가나보다는 여기에서 벌어졌을 가능성이 높다.

하나님의 생각을 이해하지 못하고 화만 내고 있는 요나에게 "네가 성내는 것이 옳으냐"고 하시며 그의 생각을 훨씬 넘어서는 놀라운 일들을 펼치셨습니다.욘 4:4 하나님께서는 성경의 역사 내내 "네가 알지 못하는 크고 은밀한 일을 네게 보이리라"고 말씀하셨습니다.렘 33:3 변화에 대한 기대는 성경의 이야기가 전하는 중요한 교훈 가운데 하나입니다.

예수님과 함께라면 변화, 근본과 본질의 변화는 가능합니다. 예수님께서는 자기 부정적인 생각에 매몰되어 있는 나다나엘을 깨우시고 그가 바라보던 이스라엘 회복의 비전이 실현될 것을 혼인잔치에서 보이셨습니다. 그런데 예수님께서는 여기 가나에서 멈추지 않으셨습니다. 예수님께서는 나다나엘과 제자들 그리고 가나를 비롯한 갈릴리 사람들 모두에게 이렇게 말씀하십니다. "이보다 더 큰 일을 보리라."요 1:50 이제 제자들과 갈릴리 사람들은 지금 그들이 목격한 그 놀라운 표적을 넘어서 그들이 보지 못한 더 크고 놀라운 일들도 보게 될 것입니다. 가나는 예수님께서 일으키실 변화의 시작 포인트였습니다. 오늘부터 예수님과 동행하는 길은 이제껏 보지 못한 "크고 은밀한 일들"을 목격하는 원더랜드가 될 것입니다.

가나의 기도

고집스러운 편견을 넘어선 믿음의 자리에서 주님의 놀라운 일들을 경험하게 하소서.

Forty day Meditations for Spiritual Pilgrims

가버나움

사람을 품는 길

Forty day Meditations for Spiritual Pilgrims

가버나움

사람을 품는 길

위로가 없는 마을

이사야 40장 1절

너희의 하나님이 이르시되 너희는 위로하라 내 백성을 위로하라

가버나움은 '위로의 마을'이라는 의미가 있습니다. 신약성경의 어떤 사본에는 우리가 아는 그대로 '가버나움'이라고 부르기도 하고 다른 사본에는 '크파르나움'이라고도 하는데, 이 명칭들은 모두 히브리어 '크파르-나훔'kfar-nahum에서 유래합니다. 히브리어에서 크파르는 마을이고 나훔이 위로라는 의미를 갖습니다. 그러나 가버나움이 왜 위로의 마을이라는 이름을 갖게 되었는지는 알려지지 않았습니다. 누군가는 구약의 예언자 나훔이 태어난 곳이라고도 하고, 누군가는 예수님 이후에 붙여진 이름이라고도 합니다. 그러나 이 모든 해석은 합당하지 않습니다. 한 가지, 위로의 마을 가버나움은 예수님과 관계가 깊었습니다. 오늘에도 이곳 가버나움 유적지 입구에 '가버나움-예수의 마을'Kfarnaum, Town of Jesus라는 명패가 선명합니다.

선지자 이사야는 바벨론에 포로로 잡혀간 하나님의 백성이 하나님의 은혜와 사랑 가운데 회복하여 다시 약속의 땅으로 돌아오리라 예언했습니다. 이사야는 하나님의 뜻이 담긴 그 메시지를 포로로 살아가는 사람들, 바벨론 땅 하나님의 백성에게 전했는데 그 예언의 첫마디는 이렇습니다. "너희는 위로하라 내 백성을 위로하라."사 40:1 하나

가버나움 유적지 입구. 옛 마을 입구에 가버나움, 예수의 마을이라는 팻말이 붙어있다. 모든 순례자들은 이 팻말만 보고도 마음의 평안을 누린다.

님께서는 고통받는 현실, 그 위로 없는 땅으로 직접 찾아가셔서 당신의 백성들을 위로하시고 힘이 되어 주셨습니다. 그 일은 이후 계속되었습니다. 그리고 마침내 예수님을 통해 갈릴리에도 전해졌습니다.

가버나움이 위로의 마을인 것과 예수님께서 그곳에서 갈릴리 사람들을 위한 사역을 시작하신 것은 우연이 아닙니다. 눈물과 아픔으로 오늘을 살아가는 사람들, 하늘의 구원을 탄원하는 사람들에게 하나님의 긍휼은 반드시 있어야 하는 필연입니다. 그래서 가버나움과 예수님의 긍휼어린 사역은 하나님의 긍휼, 그 필연적 결과라 할 수 있습니다. 누구도 돌아보지 않던 시대, 누구도 위로하지 않던 마을, 그 아픔의 틈바구니에 하나님의 아들 예수님께서 임하신 것입니다. 하나님께서는 어제와 오늘을 눈물로 분투하며 사는 이들을 찾아오셔서 "모든 눈물을 그 눈에서 닦아 주십니다."^{계 21:4} 가버나움은 그렇게 위로 없는 곳에 위로의 은혜가 내린 곳입니다. 우리가 위로의 가버나움으로 갈 필요는 없습니다. 우리가 사는 곳이 아무 위로 없는 자리라면, 그곳에서 애통해하고 있다면, 하나님의 위로이신 예수님께서 긍휼의 마음으로 우리를 찾아오실 것입니다.

가버나움의 기도

주여, 오시옵소서. 아무런 위로 없는 나의 현실에 오셔서 위로의 주가 되어 주소서.

수고하고 무거운 짐 진 자들아
다 내게로 오라 내가 너희를 쉬게 하리라
마태복음 11장 28절

수고가 거듭되는 삶

마태복음 11장 28절

수고하고 무거운 짐 진 자들아
다 내게로 오라 내가 너희를 쉬게 하리라

가버나움은 갈릴리 호수 북단의 포구 도시였습니다. 가버나움은 벳새다와 더불어 갈릴리 호수에서 잡힌 물고기들을 수매 처리하는 대표적인 항구였습니다. 또한 가버나움은 갈릴리 여러 곳 농부들이 자기 소산물을 팔기 위해 모여드는 곳이기도 했습니다. 그들은 가버나움에서 수확물을 유통할 수 있었고 그렇게 그날 먹을 양식이나 생필품을 얻을 수 있었습니다. 그러나 가버나움에서 어부들이나 농부들은 정당한 대가를 얻지 못하는 경우가 많았습니다. 그들은 대가代價 대신 눈물을 머금고 집으로 돌아가는 경우가 많았습니다. 가버나움은 지주들과 가공업자들, 고리대금업자들에다 헤롯의 신하들과 로마의 군인들, 세리들 그리고 심지어 성전세에 눈독을 들이는 회당 사람들이 주머니를 채우기 위해 눈에 불을 켜는 곳이었습니다. 힘없고 가난한 어부와 농부들은 "기쁨으로 단을 거두는" 평안을 누리지 못했습니다.시 126:6

가버나움은 살기 위한 수고만큼의 기쁨을 누리지 못하는 곳이 되어버렸습니다. 그들의 수고가 헛되다는 것은 철학적 심포지움에서 흘러나온 명제가 아니었습니다. 가버나움 사람들의 헛된 수고는 삶

가버나움의 집터. 가버나움의 집들은 한 집안이 한 섹션에 모여 사는 형태를 이루고 있다. 말하자면 아버지 밑에 아들들이 분가하지 않은 채로 함께 붙어사는 모양새다.

의 지극한 현실이었습니다. 베드로 형제가 밤새 고깃배를 움직인 것은 그들이 게을러서나, 지혜롭지 못하거나 혹은 운이 맞지 않아서가 아닙니다.눅 5:5 그들은 그들에게 주어진 할당량을 채워야 했고 그것을 채우지 못하면 안식일이라도 배를 포구에 댈 엄두를 내지 못했습니다. 그런데 가버나움의 사람들은 그 모든 수고의 결과가 자기 것이 아니게 될지라도 그 수고를 멈출 수 없었습니다. 그것이 갈릴리 가버나움 사람들의 삶이었습니다.

예수님께서는 한숨을 내쉬며 헛되이 수고하는 가버나움 사람들에게 오셨습니다. 예수님께서는 고기를 더 잡아야 하는 베드로의 배를 빌리시고서 밤새 지친 베드로의 고단한 삶에 한순간 쉼을 주셨습니다. 그뿐 아닙니다. 예수님께서는 "깊은 데로 가서 그물을 내려 고기를 잡으라"하시며 그가 밤새 들인 수고가 헛되지 않도록 함께하셨습니다.눅 5:4 예수님께서는 오늘도 우리에게 "수고하고 무거운 짐 진 자들아 다 내게로 오라 내가 너희를 쉬게 하리라"고 말씀하십니다.마 11:28 오늘 우리 삶의 가버나움 포구로 오신 예수님은 우리의 곤고함을 아시고 우리에게 쉼을 주십니다. 우리의 수고가 헛되지 않도록 길을 열어 주십니다. 우리에게 다가오시는 예수님께 곁을 내어 드립시다. 그분은 우리 수고를 아시는 분이십니다.

가버나움의 기도
우리의 수고를 아시는 주님, 주로 말미암아 새 힘을 얻게 하시고 길을 열게 하소서.

교차로에 선 사람들

마태복음 24장 5절

많은 사람이 내 이름으로 와서 이르되
나는 그리스도라 하여 많은 사람을 미혹하리라

예수님 시대에는 여러 종류의 사람들이 종파를 이루어 각자 생각과 믿음대로 새 세상을 열 궁리를 하고 있었습니다. 먼저 사두개파the Sadducees는 유대인들에게 로마와 헤롯, 자신들이 만든 세상을 긍정하며 살라고 요구했습니다. 바리새파the Pharisees는 사두개파와 대립하면서 성경과 율법의 원리 및 규칙에 대한 자기들의 해석과 가르침에 충성하라고 요구했습니다. 열심당the Zealots은 성경의 비전과 원리를 폭력적인 방법으로 실현하는 가운데 사람들에게 자기들의 극단적인 운동에 참여하라고 협박했습니다. 마지막 에세네파the Essenes 사람들은 예루살렘 성전 중심 신앙이 타락했다고 보고 사람들에게 현실에서 벗어나 그들만의 배타적인 공동체로 들어오라 요청했습니다.

갈릴리 사람들은 이 네 부류의 종교 집단에게서 무시 못 할 영향을 받았습니다. 사두개인과 바리새인은 갈릴리 각 회당을 중심으로 사람들의 삶을 지배하며 일거수일투족을 감시하고 통제했습니다. 에세네파 특히 쿰란공동체Qumran Community는 갈릴리 청년들에게 현실을 버리고 광야로 나오도록 몰아세웠습니다. 그 가운데 열심당원들은 갈릴리 사람들에게 위협적이었습니다. 그들은 갈릴리 사람들에게 자기

갈릴리 호숫가. 갈릴리 호숫가는 상쾌한 바람이 부는 곳이다. 이곳에 서 있으면 예수님과 제자들의 이야기 소리가 들려오는 듯 하다.

들의 반로마 반헤롯 폭력 운동에 참여하라고 강요했습니다. 갈릴리
사람들은 항상 선택의 기로에 서 있었습니다. 갈릴리 사람들은 가버
나움 교차로에 서서 "당신들은 항상 우리 편이어야 해"라고 강요하

는 지도자들 틈에서 갈 바를 몰랐습니다. 갈릴리의 종파 사람들과 지도자들은 그저 몰아세우고 강요할 뿐이었습니다.

예수님께서는 가버나움의 교차로에 선 사람들과 함께 서서 그들을 품으셨습니다. 그리고 가버나움의 사람들을 당신의 길로 오라 강요하지 않으시고 오히려 그들의 자리로 "두루"가셨습니다.^{마 4:23상} 예수님께서는 가버나움의 사람들에게 원리와 규칙을 주어 충성하라 하지 않으시고 오히려 그들의 "병과 약한 것"을 고치고 회복시키기 위해 수고하셨습니다.^{마 4:23하} 예수님께서는 가버나움 교차로에 선 사람들에게 길을 강제하지 않으시는 가운데 진리의 인도자가 되셨습니다. 예수님께서는 자신이 구원의 길이라 주장하고 강요하는 교차로의 사람들 틈에서 그들과 전혀 다른 방법으로 진리의 길을 여십니다. 오늘 인생 교차로에서 이리저리 휘둘려 지쳐있다면 예수님을 기다리십시오. 그분과 어깨를 나란히 하는 가운데, 그분의 우리 마음을 어루만지시는 가운데 우리에게 참된 길이 열립니다.

가버나움의 기도

인생 갈림길에서 길을 강요당하고 있습니다. 주여 오셔서 나의 길을 열어 주소서.

죄인들을 위한 공동체

마태복음 9장 13절

너희는 가서 내가 긍휼을 원하고 제사를 원하지 아니하노라
하신 뜻이 무엇인지 배우라 나는 의인을 부르러 온 것이 아니요
죄인을 부르러 왔노라 하시니라

갈릴리 유대 사람들은 그들만의 거주지에 몰려 살았지만 제각각
다른 가치와 삶을 추구했습니다. 어떤 사람들은 회당을 중심으로 예
루살렘 지도자들에 의지했습니다. 그들은 예루살렘 귀족들과 가까이
지내며 유대인 마을에서 대장 노릇을 하는 사람들이었습니다. 티베
리아스(디베랴)의 헤롯과 세포리스의 로마 사람들에 의지하는 사람
들도 있었습니다. 그들은 이방 사람들과 어울리며 명분보다는 실리
추구가 낫다고 여겼습니다. 열심당원들과 어울리는 사람들은 주로
갈릴리 산지 비밀스러운 아지트들을 중심으로 활동하며 이방의 적
들과 반대파 사람들을 상대로 '의로운 강도짓'을 벌였습니다. 광야의
에세네파나 쿰란 사람들과 어울리려는 사람들도 있었습니다. 그들은
세속을 떠나 광야로 들어가 스스로 빛의 자녀라 여기고 세상 사람들
을 멀리했습니다.

갈릴리 많은 사람들은 자기만이 옳다는 아집 가운데 주장이 다른
사람들은 거짓되다고 몰아세우고서 오직 자기만을 높이곤 했습니다.
그들은 서로에 대한 비난을 숨기지 않았습니다. 서로를 향해 비판과
공격을 서슴지 않았습니다. 교묘한 질문과 대화로 상대방을 깎아내

가버나움의 거리. 가버나움은 유대인들의 마을이면서도 로마식의 거리가 형성되어 있다. 격
자형으로 잘 만들어진 마을의 길들이 그 시대 삶의 단편을 보여준다.

리고 자기는 높이곤 했습니다.마 9:14, 12:10, 15:1-2, 막 8:11 그런데 그런 갈릴리
사람들이 한마음으로 멸시하던 사람들이 있었습니다. 세리와 창녀들
그리고 문둥병과 같이 부정한 병에 걸린 사람들이었습니다. 각자의

정파와 종파에 치우친 사람들은 누구 할 것 없이 이런 사람들을 가까이하지 않았으며 자기들이 이들보다는 낫다는 비교우월의식에 빠져 있었습니다.

예수님께서는 가버나움에서 하나님의 공동체를 이루셨습니다. 예수님께서는 제자가 된 세리 마태의 집에 가셔서 거기서 유대인들이 '죄인 취급'하는 이들과 한 자리, 한 식탁에 앉으셨습니다.마 9:10 사람들이 물었습니다. "어찌하여 세리와 죄인들과 함께 잡수십니까."마 9:11 예수님께서 말씀하셨습니다. "나는 스스로 의롭다 여기는 사람들을 부르러 온 것이 아닙니다. 나는 스스로 죄인이라 여기고 구원을 바라는 이들을 위해 왔습니다."마 9:13 예수님께서는 사람을 가리지 않으시고 가난한 마음을 품고 하나님의 구원을 바라는 이들을 모두 당신의 자리에 초대하셨습니다. 그들과 더불어 하나님의 샬롬 공동체를 이루셨습니다. 겸손한 사람은 하나님과 더불어 평안을 누릴 수 있습니다.대하 7:14 예수님의 공동체는 자기만 위대하다 여기는 교만한 사람들보다는 스스로 죄인이라 여기며 구원을 바라는 사람들을 위해 자리를 마련합니다.

가버나움의 기도

나의 죄 많은 모습을 아시는 주님, 부끄럽지만 주님의 자리에 함께하기를 소망합니다.

마음 가난한 자들을 부르심

이사야서 57장 15절

지극히 존귀하며 영원히 거하시며 거룩하다 이름하는 이가 이와 같이 말씀하시되
내가 높고 거룩한 곳에 있으며 또한 통회하고 마음이 겸손한 자와 함께 있나니
이는 겸손한 자의 영을 소생시키며 통회하는 자의 마음을 소생시키려 함이라

가버나움은 갈릴리 사람들이 삶을 지탱하는 자리였습니다. 자기 땅이나 자기 배를 갖지 못했던 갈릴리 사람들은 가버나움 같은 포구 도시로 나와 하루 일품을 팔았습니다. 뱃사람들을 돕기도 하고, 선창에서 짐을 나르기도 하고, 혹은 누군가의 하루 일을 돕기도 했습니다. 사람들은 하루 종일 일해 한 데나리온Denarius을 겨우 받았습니다.마 20:2 한 데나리온은 그 당시 사람들이 가족들을 하루 부양할 최소 생계비였습니다. 그렇다고 매일 일이 주어지는 것은 아니었습니다. 어떤 날은 일이 있기도 했지만 어떤 날은 허탕을 치기도 했습니다. 혹시나 로마 군인들이나 헤롯의 신하들에게 끌려가기라도 하면 일은 죽도록 해야 하지만 품삯이나 양식은 얻지 못했습니다. 그렇게 되면 가족들은 일용할 양식을 보장받을 수 없게 됩니다.

갈릴리 사람들은 부지런하고 눈치도 빨라야 했습니다. 그들은 이른 아침 가버나움으로 나와 품을 팔만한 곳을 찾아 돌아다녔습니다. 예수님께서 비유로 드신 공평한 포도원 주인이라도 만나면 그나마 다행입니다.마 20:1-16 탐욕스러운 군인들과 관리들, 세리들을 피해 어렵게 도착해 늦게 일을 시작했는데, 포도원 주인이 일찍부터 일하는

가버나움 그리스 정교회. 로마 가톨릭에서 발굴한 가버나움의 유적보다는 발굴이 활발히 진행되지않았다. 그러나 붉은 지붕의 교회는 갈릴리 호수와 멋지게 어울린다.

사람들과 같이 품삯 한 데나리온을 보장해 준다면 그만한 은혜가 없습니다. 가버나움의 갈릴리 사람들은 하루벌이에 모든 것을 건 사람들이었습니다. 결국 그들은 경제적으로만 가난하지 않았습니다. 그들은 마음마저도 가난한 사람들이었습니다. 그들은 조금의 냉대에도 상처받고 조금의 온정에도 마음을 빼앗기기 일쑤였습니다. 그들은 늘 휘둘리며 어디에서도 평안을 누릴 수 없었습니다.

예수님께서는 가버나움의 가난한 갈릴리 사람들에게 오셔서 가난해도 단단하게 사는 길을 여셨습니다. 예수님께서는 가난한 갈릴리 사람들을 제자로 부르셨습니다. 눈치 보는 하루벌이 인생에서 예수님의 정체성 확고한 제자로 하나님 나라를 전하며 사람을 낚는 어부가 되라고 하셨습니다.눅 5:10 예수님의 선언은 가난한 갈릴리 사람들에게 큰 빛이었습니다. 낮고 초라하여 아무런 도움도 되지 않는 인생의 생명을 살리시는 하나님 나라 일꾼이 되도록 하신 것입니다. 예수님께서는 가난한 자들의 마음을 단단하게 세우시고 하나님 나라의 등대가 되게 하십니다. 오늘 가난하여 내려앉은 자존감으로 곤고하다면 "소생케 하시는"사 57:15 예수님을 만나십시오. 그분이 우리를 새롭고 담대한 인생의 길로 부르십니다.

가버나움의 기도

정처 없이 흔들리는 삶에 오셔서 저를 굳건한 반석 위에 세우신 주님 감사합니다.

하늘의 도리로 제자를 세우심

마태복음 5장 1절

예수께서 무리를 보시고 산에 올라가 앉으시니
제자들이 나아온지라

예수님의 사역에서 갈릴리는 예루살렘과 대비되는 곳이었습니다. 예루살렘은 유다 산지 산 위에 있는 전통적인 중심지였습니다. 다윗과 솔로몬은 이곳에 하나님의 성전을 지었고 스룹바벨과 에스라 그리고 느헤미야를 비롯한 후대 사람들 역시 이곳에 새 성전을 짓고 새로운 이스라엘을 세웠습니다. 당연히 포로기 이후 유대 사람들은 종교적인 깨달음과 구원을 위해 예루살렘으로 모여들었습니다. 사람들은 거기 헤롯이 세운 성전을 중심으로 종교적인 삶의 질서를 지키고 바리새파 사람들이 세운 회당들에서 배우고 익히며 깨달음을 구하여 경건한 삶의 방편을 마련했습니다. 예수님 당시 유대인들에게 진리와 구원은 예루살렘에서 펼쳐지고 실현되었습니다. 그래서 사람들은 모두 '높은 산' 예루살렘 성으로 올라갔습니다.시 122:3-4

하나님께서 '산' 위에서 당신의 백성들을 가르치시고 세우신 일은 출애굽 시대로부터 이어진 오래된 묘사입니다. 하나님께서는 거룩한 시내산 위에 임재하셔서 애굽으로부터 구원받은 백성들을 그 앞으로 모으시고 세상의 것과는 다른 새로운 삶의 규칙과 질서를 세워주셨습니다. 그리고 그 명령과 규례대로 살도록 하셨습니다. 하나님께서

팔복산. 예수님께서는 제자들을 이 산위로 부르셨다. 그리고 새로운 계명으로 제자된 삶의 도리를 세우셨다.

는 이 가르침을 모세를 통해 이루셨습니다.출 19:3,25 출애굽한 하나님의 백성들은 모세의 대언으로 이루어진 세우심과 가르치심을 통해 하나님의 율법과 계명을 받고 그 뜻대로 살기로 결단했습니다.출 24:3 이후 이런 식의 산 위의 가르침은 하나님께서 당신의 백성을 세우시는 전형의 하나가 되었습니다.

예수님께서 모세처럼 '산' 위로 올라가셨습니다. 부름받은 제자들은 그 옛날 출애굽한 백성들처럼 군중들 틈에서 나와 예수님 앞에 섰습니다.마 5:1 예수님께서는 그들에게 예루살렘과 회당 사람들이 가르치는 것과 다른, 전혀 새로운 삶과 계명을 가르치셨습니다.마 5:2 예수님의 제자들은 갈릴리살이의 어려움 가운데서도 복된 삶의 가치를 아는 사람들이었습니다.마 5:3-12 그들은 세상에 소금으로 살며 주님 가르치신 계명대로 원수까지 사랑하다 어느 순간 세상에 빛으로 서는 사람들입니다.마 5:13-48 그들은 하늘을 향한 기도의 가치를 잘 알고 있습니다.마 6:1-18 예수님의 사람들은 하늘의 가치관으로 살며 그것을 믿음으로 실천할 줄 아는 사람들입니다.마 6:19-7:27 예수님의 부름받은 사람들은 하늘의 가치와 도리를 얻어 제자로 섭니다. 그들은 그 도리로 오늘의 갈릴리 현실을 넘어서고 궁극에 승리합니다.

가버나움의 기도

주여, 갈릴리의 척박한 현실에도 주의 가르치심을 실현하는 참 제자가 되겠습니다.

Forty day Meditations for Spiritual Pilgrims

벳새다

위로와 회복의 길

Forty day Meditations for Spiritual Pilgrims

벳새다
위로와 회복의 길

잔인하고 이기적인 밥상

마태복음 14장 7절

헤롯이 맹세로 그에게 무엇이든지 달라는 대로 주겠다고 약속하거늘

갈릴리는 헤롯 안티파스Herod Antipas가 다스렸습니다. 그는 아버지 헤롯 대왕에게 갈릴리 일대를 영지로 물려받아 분봉왕tetrarch이 되었습니다. 그는 늘 주변의 눈치를 보면서도 자신이 원하는 일에는 물불을 가리지 않는 비열한 왕이었습니다. 그는 이복형 헤롯 빌립Herod Philip I의 아내였고 살로메Salome라는 딸까지 둔 헤로디아Herodias와 재혼했습니다. 헤로디아의 꾐 속에 나바테아Nabatea의 공주 파사엘리스Pasaelis와 이혼한 뒤 그녀와 야합한 것입니다. 이 일로 화가 난 나바테아의 아레타스왕Aretas IV이 안티파스와 뵈레아에서 전쟁을 벌이기도 했습니다. 이후 헤롯 안티파스는 연이은 실정과 이복동생 헤롯 아그립바Herod Agrippa I의 모함으로 그 자리에서 쫓겨나 갈리아로 갔는데 헤로디아도 그의 길을 동행했습니다.

안티파스와 헤로디아가 부도덕하게 결혼한 것을 두고 세례 요한은 정면으로 그것을 비판했습니다. 이 부도덕한 부부는 세례 요한을 눈엣가시로 여겼습니다. 요한은 곧 체포되어 사해 동편 마케루스Machaerus 요새에 감금되었습니다.마 4:12 안티파스는 자신의 생일에 춤을 추던 헤로디아의 딸 살로메의 요청을 이기지 못해 요한의 목을 베

벳새다 건너 티베리아스. 벳새다에서 건너편을 바라보면 갈릴리의 멋진 도시 티베리아스가
아지랑이처럼 아른 거린다.

고서 그 머리를 헤로디아와 살로메에게 선물로 주었습니다.마 14:6-12; 막
6:17-28 헤롯 안티파스는 사실 요한을 죽이는 일을 두려워했습니다. 자
신이 다스리는 갈릴리와 베레아 곳곳에 세례 요한을 추종하고 따르

는 사람들이 많다는 것을 알고 있었기 때문입니다. 그러나 그는 헤로디아와 살로메의 간교한 요청을 이기지 못했습니다. 그리고 자신의 생일 밥상머리를 피로 물들였습니다.

헤롯 안티파스는 자기 안위와 욕망 사이에서 통치자의 바른 길을 잃었습니다. 그는 한편으로 분봉왕의 자리에 연연하면서, 다른 한편으로 천박한 욕망의 화신으로 살았습니다. 그러면서도 백성의 스승과 지도자들을 배척하는 일에 부지런했습니다. 그는 결국에 야합한 여자의 놀음 속에 자기 생일 밥상을 '의로운 자'의 피로 채웠습니다. 헤롯은 마땅히 해야 할 그 무엇도 하지 않은 채 모든 것을 쥐고 있는 사람이었습니다. 그래서 예수님께서는 그를 일컬어 "여우"라고 말씀하기도 하셨습니다.눅 13:32 하늘 하나님은 자리만 차지하고 탐욕스럽게 눈을 돌리면서 감당해야 할 사명은 등한시하는 사람에게서 고개를 돌리십니다.잠 6:8 우리 모두 심판하시는 하늘 보좌를 바라보며 두렵고 떨리는 마음으로 주어진 사명의 자리에 신실해야 합니다.

벳새다의 기도

세상 눈치가 아니라 하늘 하나님의 준엄함을 바라보며 주어진 자리에 서게 하소서.

기댈 곳 없는 마음들

마가복음 6장 32~33절

이에 배를 타고 따로 한적한 곳에 갈새
그들이 가는 것을 보고 많은 사람이 그들인 줄 안지라
모든 고을로부터 도보로 그 곳에 달려와 그들보다 먼저 갔더라

갈릴리 사람들은 대부분 비천한 사람들이었습니다. 그들은 대부분 비옥한 갈릴리 땅에서 농사를 짓던 사람들이었습니다. 그러나 어느 때부터 예루살렘과 로마 사람들 그리고 헬라 사람들이 그 땅을 지배하기 시작하면서 그들은 먹고살 땅을 잃었습니다. 로마와 헤롯은 과도하게 세금을 거두어들였고 예루살렘 성전 지도자들은 죽은 사람 몫까지 계산해 종교세를 거두었습니다. 세금을 내지 못하면 집을 빼앗기거나 심지어 아내 혹은 자식들을 노예로 내줘야 할 때도 있었습니다. 그런 불행 겪기를 원하지 않는 사람들은 도망쳤습니다. 어떤 사람들은 베니게phoenicia나 데가볼리Decapolis의 큰 도시들로 숨어들기도 했습니다. 어떤 사람들은 깊은 산으로 들어가 저항 운동을 하던 열심당원이 되기도 했습니다. 그런저런 주변머리도 없는 사람들은 그저 갈릴리 일대를 떠도는 삶을 선택했습니다.

방황하는 갈릴리 사람들은 스스로 예언자라고 하는 사람들을 곧잘 따랐습니다. 갈릴리의 통치자들이 그들을 품어주지 않으니 거리의 예언자들에게라도 의지하기를 원했던 것입니다. 방황하는 백성들에게 세례 요한은 참으로 훌륭한 지도자요 기댈 만한 사람이었습니다.

벳새다 어부의 마을. 벳새다는 어부들의 마을이었다. 지금도 마을 유적 곳곳에서 어부들의
도구들이 발굴되고 있다.

그들은 세례 요한이 전하는 이야기를 듣기 위해 요단 강으로 가기도
하고 그의 제자가 되어 그와 함께 광야에서 생활하기도 했습니다. 세
례 요한이 머물던 요단 강 베레아는 먼 곳이었지만 그래도 사람들은

마음으로 세례 요한을 존경하고 의지했습니다. 그런데 안타깝게도 세례 요한이 헤롯의 생일상에서 죽임을 당하고 말았습니다. 갈릴리 사람들은 그나마 기댈 곳, 숨어들던 자리마저 잃었습니다. 그들은 곧 흩어졌습니다. 기대고 쉴만한 곳을 찾아야 했습니다.

세례 요한을 잃은 갈릴리 사람들은 뜨거운 들판에 내던져진 어린 양과 같은 신세가 되고 말았습니다. 당장에 숨어들 자리를 찾지 못하면 죽을지도 모른다는 절박함이 마음을 다급하게 했습니다. 그리고 곧 방황하는 자신들에게 쉴 곳을 제공할 목자를 찾았습니다. 그때 갈릴리의 "많은 사람들"은 예수님 일행을 알아보았습니다.막 6:33 기댈 곳을 바라는 마음이 얼마나 강했던지 그들은 예수님보다 먼저 벳새다 들에 도착했습니다. 오늘도 굳건한 반석을 찾지 못한 채 방황하는 마음들이 있습니다. 예수님은 그때도 지금도 방황하는 마음에 위로와 쉴 곳이 되십니다. 예수님이 가시는 곳, 예수님이 계신 곳으로 달려가야 합니다. 방황하는 마음은 그곳 벳새다 들에서 세상이 줄 수 없는 참된 안식을 얻을 수 있습니다.

벳새다의 기도

오늘도 참된 안식을 얻으려 수고했지만 길을 얻지 못했습니다. 예수님 어디에 계십니까?

목자 없는 현실

마가복음 6장 34절

예수께서 나오사 큰 무리를 보시고 그 목자 없는 양 같음으로 인하여
불쌍히 여기사 이에 여러 가지로 가르치시더라

갈릴리에는 그 땅을 지배하고 통제하는 가운데, 그곳 사람들을 가
난하게 만들거나 애통하게 하고 비천한 자로 전락시켜서 하늘을 향
해 공의를 부르짖게 만드는 악한 지도자들이 있었습니다. 예수님 시
절 갈릴리의 왕들과 통치자들, 관리들 그리고 지도자들은 그 땅의 굶
주리고 헐벗고 병들어 고통 가운데 신음하는 현실에 관심을 기울이
지 않았습니다. 종교 지도자들 역시 마찬가지였습니다. 그들은 갈릴
리 사람들이 어떤 마음으로 현실의 어려움을 이겨나가야 하는지 길
을 제시해 주지 않았습니다. 그 땅의 종교 지도자들은 그저 예루살렘
성전의 중요성과 율법의 중요성만 강조하는 허망한 지도자들이었습
니다. 갈릴리 사람들은 그렇게 내던져진 채 언제 늑대와 여우에게 잡
아먹힐지 모르는 절박한 처지에 놓여 있었습니다.

예언자들은 올바른 지도자 없이 고통 가운데 유리하는 하나님의
백성에 관해 이야기했습니다. 예언자들은 하나님의 종으로 세움받았
음에도 백성들을 돌보는 일을 게을리하고 심지어 양떼를 버리거나
잡아먹는 잘못된 지도자들을 통렬하게 비판했습니다.겔 34:2-5 한편으
로 그 지도자들은 하나님을 향해 바른 모습을 보이지 않았습니다. 그

길 잃은 양.
갈릴리 사람들은 길 잃은 양,
목자 없는 양과 같았다.

벳새다에서 본 아르벨 산. 갈릴리는 평화로운 곳이다. 그러나 조금만 깊이 들여다보면 삶의 무수한 우여곡절들이 담겨 있다. 우리네 인생과 같다.

들에게는 항상 거짓 예배만 있었습니다. 또다른 한편으로 그들은 함께하는 백성들에게 살길을 열어 주지도 않았습니다. 그들은 언제나 자기 백성들에게 탐욕스럽기만 했습니다. 그래서 예언자들은 악한 지도자들이 "어리석어 여호와를 찾지 아니하므로 형통하지 못하며 그 모든 양 떼는 흩어졌다"고 아파했습니다.렘 10:21 예언자들이 보기에 그 지도자들은 자기만 아는 "삯꾼" 목자들이었습니다.요 10:12

  예수님께서는 자신이 길 잃고 방황하는 하나님의 백성들을 위한 "선한 목자"라고 말씀하셨습니다.요 10:11 예수님께서는 갈릴리 사람들이 헤롯과 로마 그리고 예루살렘 종교지도자들 틈바구니에서 신음하는 소리를 들으시고 그들의 포학한 지배 아래 살길을 찾지 못하고 있는 모습을 불쌍하게 여기셨습니다. 예수님께서는 무엇보다 세례요한을 잃고 방황하여 벳새다 들판 당신에게 나아온 사람들을 불쌍히 여기셨습니다. 참된 목자의 가장 중요한 자질과 자세는 바로 긍휼입니다. 예수님께서는 삶의 길을 잃고 방황하는 양들을 보시고 그들에게 "푸른 초장과 맑은 시내"로 가는 길을 열어 주십니다.시 23:2 오늘 살길을 찾지 못해 방황하며 힘겨워하고 있다면 벳새다 들에 계신 예수님을 찾으십시오. 그분이 길 잃은 양들의 살길입니다.

벳새다의 기도

주님 길잃은 양의 마음으로 주님의 품을 찾습니다. 나를 받아 주시고 안아주소서.

들판으로 나서는 길

마태복음 14장 13절

예수께서 들으시고 배를 타고 떠나사 따로 빈 들에 가시니
무리가 듣고 여러 고을로부터 걸어서 따라간지라

갈릴리 호수 서쪽에는 디베랴Tiberias라는 멋진 풍광의 도시가 있었
습니다. 디베랴는 헤롯 안티파스가 티베리우스 황제를 위해 헌사한
도시입니다. 헤롯 안티파스는 세포리스Sephoris를 로마인들에게 넘겨
주고 자신은 디베랴로 와 그 땅을 지배했습니다. 디베랴는 이방의 도
시였습니다. 도시에는 로마식 주택들과 도로, 온천탕 그리고 반원형
극장도 있었습니다. 안티파스는 디베랴에서 헬라 사람들과 로마 사
람들 그리고 자기에게 유리한 유대인들과 어울렸습니다. 디베랴는
결국 갈릴리의 새로운 중심지로 부상하면서 동시에 유대인들에게는
불편한 곳이 되어버렸습니다. 안티파스는 디베랴에 웅크린 채 불편
한 눈으로 호수와 백성들을 바라보았고, 갈릴리 사람들은 비천함 가
운데 호숫가를 유리하며 원망의 눈으로 디베랴를 바라보았습니다.

디베랴의 간사한 지배자와 호숫가의 신음하는 백성들 사이에는 예
수님이 있었습니다. 예수님께서는 요한의 일로 왕과 백성들 사이에
긴장이 고조될 즈음 곳곳에 제자들을 보내시고 그 땅과 백성들을 하
나님의 은혜와 사랑으로 어루만지고 계셨습니다. 헤롯이 디베랴에
서 요한을 죽이고 자기 생일잔치를 피로 물들였을 때, 사람들은 예수

들판. 벳새다에는 이런 한적한 들판이 있었다. 예수님께서는 사역하시는 중간에 이런 한적한 곳을 찾으셨다.

님에게 관심을 기울였습니다. 갈릴리의 가난한 사람들뿐 아니라 디베랴의 지배자들도 예수님에게 눈을 돌렸습니다. 갈릴리의 백성들은 예수님이 그들에게 새로운 지도자가 되어 줄까 기대감을 품었습니다.요 6:15 갈릴리의 지배자들은 예수님이 요한을 이어 그들에게 또 다른 도전자가 될까 두려움과 질투를 품었습니다.마 14:1-2, 막 6:16

요한의 죽음을 들으신 그때 예수님께서는 아르벨 산의 열심당원을 규합하거나 어느 회당에서 디베랴에 대한 비판을 설교로 늘어놓지 않으셨습니다. 예수님께서는 제자들과 그리고 당신을 따르는 사람들과 함께 디베랴의 반대편 벳새다로 물러나셨습니다.눅 9:10 예수님께서는 아무 말씀 없이 한적한 곳으로 가셔서 거기서 지친 제자들과 사람들을 돌보셨습니다.막 6:31-32 예수님께서는 달아오른 저항의 열망, 자신에 대한 부질없는 기대감으로부터 물러나셨습니다. 하나님의 나라는 쉽게 피어오르는 혁명의 불꽃이 아닙니다. 하나님의 구원은 결핍된 욕망 배출을 위한 해결사가 아닙니다. 소란한 것들에서 벗어나 '세미한 음성'을 들을만한 한적한 곳으로 길을 떠나는 것, 그것이 예수의 길이며 그 사명을 따르는 제자의 길입니다.

벳새다의 기도

세상의 소란한 길이 아닌 하나님의 뜻을 헤아리는 조용한 길로, 주와 동행하게 하소서.

참 목자의 환대

마태복음 14장 14절

예수께서 나오사 큰 무리를 보시고 불쌍히 여기사
그 중에 있는 병자를 고쳐 주시니라

예수님께서 건너가신 벳새다Bethsaida는 요단 강물이 흘러드는 호수 북동쪽에 있습니다. 오래전 이곳에는 왕국 하나가 있었습니다. 그 나라는 그술Geshur이라고 불렸고 다윗의 아들 압살롬이 이곳 출신 공주 마아가의 아들입니다.삼하 3:3 예수님 시대에 이르러 분봉왕 빌립은 이곳 온천 지대를 개발해 휴양 도시를 건설했습니다. 그리고 황제 아우구스투스의 아내 이름을 붙여 도시를 율리아Julia라고 불렀습니다. 사실 벳새다는 '어부들의 마을'이라는 뜻으로 가버나움과 더불어 어부들이 많이 살았습니다. 가버나움으로부터 벳새다에 이르는 지역이 일종의 기수지역의 특징을 가져 물고기가 많았기 때문입니다. 무엇보다 벳새다에는 삼각주와 들판이 펼쳐져 있었습니다. 갈릴리 사람들은 그곳으로 잘 가지 않아서 들판은 항상 한적했고 조용했습니다.

성경과 유대인들은 사람들이 없는 곳, 한적한 곳을 광야desert, midbar라고 불렀습니다. 광야는 유대인들의 언어에서 '말씀 특히 하나님의 말씀을 듣는 곳'을 의미합니다. 사람과 세상의 소리가 잦아들고 하나님의 그 영적인 소리가 들리는 곳입니다. 신약성경 공관복음들이 '빈 들', '한적한 곳'이라고 부르는 곳, 즉 에레모스eremos가 바로 구약성경

갈릴리 호수로 흘러들어가는 요단 강. 벳새다 인근에 요단 강이 흘러드는 델타 지역이 있다. 이곳은 수변 식물들이 많고 수풀이 우거진 곳이다.

과 유대인들이 말하는 광야입니다. 예수님께서는 갈릴리에서 사역하는 내내 습관적으로 이 사람 없는 빈들로 가셨습니다. 그리고 거기서 하나님의 소리를 듣고 기도하셨습니다. 벳새다는 바로 그런 광야와 같은 빈들이었습니다. 예수님께서 사람의 소리를 듣지 않으시고 하나님과 대화하여 하나님의 뜻 가운데 굳건하게 서시던 곳이 바로 이 빈들 벳새다였습니다.

요한의 죽음과 관련한 소동으로 갈릴리가 시끄러울 때 예수님께서는 제자들과 벳새다 빈들로 나아가셨습니다. 그리고 거기서 하나님과 기도하며 대화하셨습니다. 그러자 살길을 찾지 못하고 방황하던 갈릴리 사람들이 예수님께서 계신 곳으로 왔습니다. 세상의 분주함과 소란스러움을 피하는 자리, 그렇게 하나님과 만나는 자리에 세상이 그리고 사람들이 찾아들었습니다. 예수님께서는 그들을 불쌍히 여기시고 맞아들이셨습니다.눅9:11 그리고 당신과 하나님 사이에 자리를 베푸셨습니다. 삶이 가난하고 마음이 겸손해질 때, 겸손한 영혼은 주님 계신 곳으로 길을 찾아 나섭니다. 그렇게 상한 심령으로 찾아간 곳에서 세상 누구에게서도 얻지 못한 따뜻한 환대를 경험합니다. 우리 힘들고 지친 갈릴리 사람들은 벳새다에서 하나님과 예수님 사이에 따뜻한 자리를 얻습니다.

벳새다의 기도

삶의 한기를 느끼던 날, 주님 베푸신 자리에서 삼위 하나님의 은혜로운 대화에 참여합니다.

참 사랑과 긍휼의 밥상

마태복음 14장 19~21절

무리를 명하여 잔디 위에 앉히시고 떡 다섯 개와 물고기 두 마리를 가지사
하늘을 우러러 축사하시고 떡을 떼어 제자들에게 주시매 제자들이 무리에게 주니
다 배불리 먹고 남은 조각을 열두 바구니에 차게 거두었으며
먹은 사람은 여자와 어린이 외에 오천 명이나 되었더라

율리아로 불리던 벳새다는 로마 사람들과 헬라 사람들을 위한 휴양지였습니다. 지금도 그렇지만 갈릴리 호수 북동쪽에는 온천hot spring, hammat들이 많았습니다. 그래서 가이사랴 빌립보의 분봉왕 빌립은 해안길Via Maris를 오가는 로마 사람들과 데가볼리 지경의 헬라 로마 사람들을 겨냥해 멋진 온천 휴양지를 만들었습니다. 실제로 많은 사람들이 이곳으로 와서 온천과 휴양으로 쉬고 즐겼습니다. 그러나 율리아는 갈릴리 사람들을 위한 곳이 아니었습니다. 갈릴리 사람들은 사실 쉴 마음의 여유도 없었고 쉬려 해도 쉴 수 있는 여력도 없었습니다. 그들은 벳새다 아무것도 없는 들판에 앉아서 율리아의 여유로운 모습을 바라보기만 할 뿐이었습니다.

그때 예수님과 제자들은 쉼의 위로를 얻지 못하는 갈릴리 사람들을 들판으로 맞아들였습니다. 율리아의 시설에 비하면 아무것도 없는 들판에 불과하지만, 사람들은 거기서 예수님의 회복과 치유와 가르침을 얻었습니다. 갈릴리 사람들은 거기 벳새다에서 세상 누구도 내주지 않는 자리를 얻어 앉아 쉬며 위로도 얻고 힘도 얻었습니다. 그런데 문제가 있었습니다. 저녁이 되자 제자들이 사람들을 보내려

오병이어 기념교회는 타브가 지역에 위치해 있다. 교회의 바닥에는 물고기 두 마리와 떡 다섯개가 모자이크되어있다.

한 것입니다. 그들이 가진 것으로는 그 많은 사람을 다 먹일 수 없었던 것입니다. 그들은 이렇게 말합니다. "빈들이요 때도 이미 저물었으니 무리를 보내어 마을에 들어가 먹을 것을 사 먹게 하소서."마 14:15

지금껏 마음의 위로와 정신의 격려를 얻었으니 이제 각자 알아서 잘 살리라 여겼던 것입니다.

벳새다 빈들의 예수님은 생각을 달리 하셨습니다. 예수님께서는 이렇게 말씀하셨습니다. "사람들이 갈 것 없다 너희가 먹을 것을 주라."마 14:16 예수님께서는 당신과 제자 공동체가 갖고 있던 것을 사람들과 나누라고 말씀하셨습니다. 제자들은 예수님의 말씀을 따랐습니다. 그들은 사람들을 앉히고서 예수님의 축사 뒤에 "그들이 갖고 있던 것"을 사람들과 나누었습니다. 그러자 놀라운 일이 일어났습니다. 거기 모인 사람들, 약 오천 명이나 되는 사람들이 모두 음식을 먹고도 많은 양이 남았습니다. 하늘의 기적은 우리가 가진 것을 내놓는 곳, 거기서부터 시작됩니다. 하늘 하나님의 축복은 나 혼자만을 위한 밥상이 아닌 우리 모두를 위한 긍휼어린 일용할 양식, 그 밥상에서부터 열립니다.

벳새다의 기도

주여, 가난한 자를 바라보게 하시고 그들과 더불어 긍휼의 밥상을 여는 삶이 되게 하소서.

Forty day Meditations for Spiritual Pilgrims

막달라

자유하게 하는 길

Forty day Meditations for Spiritual Pilgrims

막달라

자유하게 하는 길

고통과 슬픔이 있는 자리

하박국 3장 17~18절

비록 무화과나무가 무성하지 못하며 포도나무에 열매가 없으며
감람나무에 소출이 없으며 밭에 먹을 것이 없으며
우리에 양이 없으며 외양간에 소가 없을지라도
나는 여호와로 말미암아 즐거워하며
나의 구원의 하나님으로 말미암아 기뻐하리로다

갈릴리는 오래전부터 여러 나라들이 전쟁을 벌이거나 전쟁을 위해 지나다니던 곳에 있었습니다. 오래전 애굽Egypt과 헷Hittite은 이곳에서 잔인한 각축전을 벌였습니다. 앗수르Assyria와 바벨론New Babylonia, 바사Persia 등 제국들도 이곳에서 난폭한 전쟁을 일삼았습니다. 헬라 제국들Ptolmemaios, 셀류코스Seleucos와 로마Rome 역시 마찬가지였습니다. 그들은 이곳에서 자기들의 전쟁을 치르면서 갈릴리 사람들을 잔혹하게 다루었습니다. 갈릴리 많은 사람이 이들이 벌인 전쟁 가운데 목숨을 잃었고 가족을 잃었으며 집과 삶의 자리를 빼앗겼습니다. 이런 고통은 심지어 같은 민족인 하스모니아 왕조Hasmonean Dynasty와 헤롯Herod의 지배 시절에도 있었습니다. 역사 내내 갈릴리 사람들은 늘 이렇게 살아왔습니다.

갈릴리는 언제 닥칠지 모르는 전쟁과 학살, 폭정의 그림자가 드리워진 곳이었습니다. 고통은 늘 그곳 사람들의 예측을 넘어섰고 상상할 수 없는 슬픔으로 그들을 몰아세웠습니다. 제국들과 지배자들의 폭력은 정말이지 위협적이고 무서운 것이었습니다. 갈릴리 사람들이 경험한 전쟁과 폭정의 공포감은 마치 하박국 선지자가 고난 가운

아르벨 산과 골짜기. 아르벨 산은 저항의 산이다. 유대인들은 이 산에서 로마와 헤롯, 헬라에 저항하다 죽어갔다.

데 '시기오놋'으로 부른 노래 한 구절과 같습니다. "내가 들었으므로 내 창자가 흔들렸고 그 목소리로 말미암아 내 입술이 떨렸도다 무리 가 우리를 치러 올라오는 환난 날을 내가 기다리므로 썩이는 것이 내

뼈에 들어왔으며 내 몸은 내 처소에서 떨리는도다."합 3:16 갈릴리 사람들은 숨어서 지축을 흔드는 말발굽 소리, 칼과 창이 부딪히는 소리를 들었습니다. 공포와 절망이 그들 머리를 눌렀습니다.

갈릴리 사람들은 그 모든 세월 내내 하늘만 바라보았습니다. 바라볼 곳이 하늘밖에 없었습니다. 그들을 침략해 온 이방 제국의 군사들은 그렇다고 해도 그들을 다스리던 사마리아와 예루살렘마저도 그들에게 도움이 되지 않았습니다. 그런데, 그 모든 고통과 슬픔 가운데 하나님의 백성들은 기쁨의 노래를 부릅니다. 모든 것이 무너지고, 모든 것이 사라지고, 모든 것을 잃어도 그래도 그들은 하늘 "여호와로 말미암아 즐거워하며...구원의 하나님으로 말미암아 기뻐하리라"고 노래합니다.합 3:18 지난 세월의 고통은 가늠할 수 없습니다. 현재의 고통 역시 우리 뼈를 깎아내립니다. 구원이 하늘로부터 오리라는 소망을 버리지 않는 것이 중요합니다. 눈물을 흘리며 부르는 소망의 노래는 하늘에 계신 우리 아버지의 마음을 울립니다.

막달라의 기도

주여 도우소서. 오늘 고통의 시간, 당신만이 나의 구원이요 소망입니다.

내가 네 곁으로 지나갈 때에 네가 피투성이가 되어
발짓하는 것을 보고 네게 이르기를
너는 피투성이라도 살아 있으라 다시 이르기를
너는 피투성이라도 살아 있으라 하고
에스겔 16장 6절

모질게 이어지는 삶

에스겔 16장 6절

내가 네 곁으로 지나갈 때에 네가 피투성이가 되어 발짓하는 것을 보고
네게 이르기를 너는 피투성이라도 살아 있으라 다시 이르기를
너는 피투성이라도 살아 있으라 하고

막달라Magdala는 갈릴리 호수 서북단에 위치해 있습니다. 막달라는 벳새다나 가버나움 등에서 잡혀 거래된 물고기들을 넘겨받아 대량으로 가공 처리를 하는 곳이었습니다. 막달라라는 이름 자체가 '탑', '망대'라는 뜻인데 군사적인 이유보다는 산업적인 의미가 강합니다. 말하자면 가공 처리할 물고기를 탑처럼 쌓아두었다는 뜻입니다. 그만큼 갈릴리 호수에는 물고기가 많았고 막달라에는 가공처리할 고기들이 많이 쌓여 있었습니다. 당연히 사람들은 막달라로 모여들었습니다. 얼마나 많은 사람이 고통당하고 죽어갔던 곳인지, 얼마나 많은 사람의 슬픔이 현재 진행형인지 알면서도 그들은 막달라로 갔습니다. 막달라에서 갈릴리 사람들은 일자리를 구하고 가족들과 살아갈 궁리를 이어갔습니다.

세상과 제국들은 파괴를 일삼습니다. 그들은 사람들의 삶의 자리를 무너뜨리고 살기 위해 애쓰던 곳들을 그들의 무기고로 삼습니다. 그들은 쟁기로 쓰던 것을 칼로 만들고 보습을 갈아 창으로 사용합니다. 그러나 사람들의 삶은 언제고 계속됩니다. 전쟁이 있던 자리에 장이 서고, 포학과 학정이 있던 곳에 집과 살림살이들이 들어섭니다. 예

아르벨 산에서 바라본 갈릴리 호수. 아르벨 절벽산 꼭대기에서 바라보는 갈릴리는 언제나 멋지다. 호수를 한 눈에 내려다 보는 곳이다.

레미야 시대 그다랴Gedaliah는 모든 것이 무너진 곳에 남은 유다 백성들에게 이렇게 말했습니다. "나는 미스바에 살면서 우리에게 오는 갈대아 사람을 섬기리니 너희는 포도주와 여름 과일과 기름을 모아 그

릇에 저장하고 너희가 얻은 성읍들에 살라."렘 40:10 모든 것이 끝나버린 곳에서조차 사람들은 삶을 이어갑니다. 막달라는 그런 곳 중 하나였습니다.

예수님께서는 들것에 실려 온 중풍병자에게 "일어나 네 상을 가지고 집으로 가라"고 말씀하셨습니다.막 2:11 예수님께서는 그가 병고침을 받고 죄사함을 받는 것 만큼이나 그의 일상이 회복되고 온전하게 되는 것을 중요하게 여기셨습니다. 삶을 이어간다는 것은 창조주이며 구원자이신 하나님의 중요한 뜻입니다. 하나님께서는 우리에게 오늘도 이렇게 말씀하십니다. "너는 피투성이라도 살아 있으라."겔 16:6 오늘 우리 역시 갈릴리 막달라의 현실, 모든 것이 고통과 슬픔으로 밀려오는 현실을 살아갑니다. 그때, 주님의 오심과 구원만큼이나 중요한 것은 우리 스스로의 믿음어린 생활의 의지입니다. 어떤 고통과 시련에도 주님 주신 생명과 삶을 이어가고자 하는 의지는 중요한 것입니다.

막달라의 기도

오늘, 제게 주신 생명과 제가 품어야 할 삶들을 지킬 힘을 주소서.

구원을 탄원하는 소리

요엘 1장 4절

팥중이가 남긴 것을 메뚜기가 먹고 메뚜기가 남긴 것을 느치가 먹고
느치가 남긴 것을 황충이 먹었도다

　막달라는 당대 세상의 여러 세력이 교차하여 지나던 곳이었습니다. 특히 고대의 유명한 해안길Via Maris이 다메섹으로부터 내려와 갈릴리를 지나갔는데 막달라는 그 도로가 직접 관통하는 곳에 있었습니다. 당연히 주전 3세기 이후 마케도니아, 셀류코스, 이집트와 로마를 비롯해 하스모니아와 나바테아 및 헤롯의 영향들이 서로 다른 차원에서 막달라 일대를 여러차례 휩쓸었습니다. 막달라 사람들은 한편으로 갈릴리 호수와 땅이 주는 넉넉함을 누리면서도 다른 한편으로 이 모든 세력이 벌이는 각축과 대립, 학정과 착취 속에서 줄어들 기미 없이 가중되는 고통으로 신음하고 있었습니다. 막달라에서 살아간다는 것은 갈릴리 사람들을 탐욕의 대상으로만 여기는 그 모든 세력들을 상대해야 하는 것을 의미했습니다.

　막달라는 밤에 출몰하는 도적과 낮에 쳐들어오는 도적, 서쪽으로부터 오는 강도와 동쪽으로부터 오는 강도가 모두 한 집을 턴다는 누군가의 표현이 어울리는 도시였습니다. 그만큼 막달라는 삶의 고통이 가중되는 자리였습니다. 성경은 전염병과 기근 그리고 전쟁이 나라와 백성을 고통스럽게 하는 재앙들이라고 말합니다.삼하 24:13 특히

막달라 유적지 벽면 장식. 막달라는 가버나움과 달리 화려한 곳이었다. 일부 건물의 벽면에는 프레스코화가 그려져 있기도 했다.

예언서들은 하나님의 진노가 내리는 날 이런 일들이 서로 중첩되어 발생하리라고 말하기도 합니다.겔 7:15, 렘 24:10 그렇게 보면 막달라는 마치 하나님의 진노가 임한 곳과 같습니다. 예수님께서 오시기 전 혹은 예수님께서 사역하신 후에도 그곳 막달라에는 전쟁과 학살, 노예로 팔려가는 일 그리고 파괴가 끊임없이 있었습니다.

예언자 요엘은 다가올 세상의 포학함을 이렇게 표현했습니다. "팥중이가 남긴 것을 메뚜기가 먹고 메뚜기가 남긴 것을 느치가 먹고 느치가 남긴 것을 황충이 먹었도다."욜 1:4 막달라 사람들의 삶은 팥중이와 메뚜기 떼들이 휩쓸고 간 자리, 언젠가는 또다시 느치와 황충이 휩쓸고 갈 자리에서 이어지는 풀뿌리 생명과 같았습니다. 살아있지만 살아있는 것 같지 않은 삶이 막달라 사람들의 삶이었습니다. 언제 끊어질지 모르는 삶의 가냘픈 연장선에는 하늘 하나님의 구원하시는 은혜가 절실히 필요했습니다. 하늘을 향해 탄원하는 심령들이 거기 막달라뿐 아니라 여기 오늘 우리의 삶의 자리에 여전합니다. "나의 도움이 어디서 올까."시 121:1 외치던 시편 기자의 탄원이 오늘의 막달라를 살아가는 우리의 간절한 기도에도 묻어있습니다.

막달라의 기도

오늘을 버티기 어려운 가난한 심령이 주님의 구원을 간구하오니 들어주소서.

나를 잃어버린 자리

예레미야애가 1장 11절

그 모든 백성이 생명을 이으려고 보물로 먹을 것들을 바꾸었더니
지금도 탄식하며 양식을 구하나이다 나는 비천하오니 여호와여 나를 돌보시옵소서

갈릴리에는 강력한 피라밋 모양의 사회 계급이 존재했습니다. 예수님도 성경도 그것을 분명하게 보았습니다. 부자plousios, 눅 12:16 혹은 주인kyrios, 마 24:45 그리고 상인emporos, 마 13:45과 사채업자들daneistes, 눅 7:41은 갈릴리의 상류층을 형성하고 있었습니다. 보통 이들은 갈릴리에 살지 않았습니다. 그 아래에는 관리인들oikonomos, 눅 12:42과 감독관epitropos, 마 20:1, 종doulos, 마 25:19으로 알려진 고용된 사람들이 있었습니다. 중간 관리 계급 사람들은 노예pais, 눅 15:26나 품꾼misthios, 마 20:2, 그들에게 고용된 종doulos, 눅 14:17을 이용해 그들을 고용한 높은 사람들의 이득을 관리해 주는 일을 했습니다. 이런 계층 구조는 특히 막달라와 같이 물산이 풍부하고 산업이 발달한 곳에서 매우 견고했습니다.

삶의 수준과 계급이 고착화된 갈릴리에서 사는 일은 실로 고단했습니다. 특히 막달라야 말로 누군가에게 비굴하거나 누군가에게 폭력적이기 쉬웠습니다. 하나님 앞에 신실하고자 하는 사람조차 먹고 살기 위한다는 명분 아래 윗사람에게 굴종적이게 되고 동시에 자신이 고용한 누군가에게는 잔인해질 수 있었습니다. 바벨론과 바사의 다니엘과 그 친구들처럼 하나님 아래 자기를 잃지 않고 누구에게나

막달라 회당터. 막달라 스톤으로 유명한 회당터이다. 예수님께서는 이곳에서도 하나님 나라의 말씀을 전하셨다.

일관되어 신실한 삶을 산다는 것은 막달라에서 거의 불가능한 일이었습니다. 일관성은 오직 돈과 먹고사는 명분에만 있었습니다. 먹고 살기 위해 굴종해야 하는 상대라면 누구에게라도 나를 내어주는 곳이 갈릴리였고, 먹고살기 위해서라면 누구에게라도 이성을 잃고 잔인해질 수 있었던 곳이 바로 막달라였습니다.

막달라에서는 나를 잃기 쉬웠고 내 마음을 상실하기 쉬웠습니다. 예레미야의 슬픈 노래처럼 막달라 사람들은 그 "생명을 이으려고 보물로 먹을 것을 바꾸고...탄식하며 양식을" 구했습니다.애 1:11 자신을 잃은 삶은 비참한 것입니다. 하나님의 백성으로서 포학한 세상 아래 자기를 내려놓고 사는 일은 정말 고통스러운 일입니다. 오늘 우리가 살아가는 도시 한가운데 자기를 잃고 신음하듯 비명을 지르는 영혼들이 있습니다. 세상 악한 구조들 가운데 자기 아닌 채로 살아가는 영혼들이 있습니다. 우리가 바로 그 영혼, 막달라의 자기를 잃은 영혼들입니다. 하나님께서 지으신 참된 자아로 이끄시는 예수님의 은혜가 우리에게 임하기를 바랍니다.

막달라의 기도

세상은 끊임없이 나를 빼앗아갑니다. 주여 오셔서 당신의 피조물, 나를 지켜주소서.

악한 영에게서 자유한 자리

예레미야 8장 21~22절

딸 내 백성이 상하였으므로 나도 상하여 슬퍼하며 놀라움에 잡혔도다
길르앗에는 유향이 있지 아니한가 그 곳에는 의사가 있지 아니한가
딸 내 백성이 치료를 받지 못함은 어찌 됨인고

    예수님 시대 갈릴리에는 악한 영에 사로잡히거나 귀신에 들린 사
람들이 있었습니다. 그들은 기본적으로 그 사회의 완고한 포학함에
희생된 사람들이었습니다. 그들이 살아가던 갈릴리는 잔인했습니다.
갈릴리 사람들은 요구와 명령에 대한 의무만 차고 넘칠 뿐 누구도 자
기들의 이야기와 형편을 살펴주지 않는 현실에서 힘들어했습니다.
그리고 결국 주체적인 정신과 바른 마음을 내려놓는 경우가 많았습
니다. 마치 욥에게 그렇게 한 것처럼 사탄과 마귀는 이 틈에 사람들
의 마음과 정신으로 스며들었습니다. 그것들은 갈릴리 사람들의 내
면을 장악해 버렸습니다. 로마의 폭력적인 지배와 헬라의 지나치게
분방한 문화, 헤롯의 잔인함, 예루살렘의 고압적인 태도들 앞에서 몇
몇 갈릴리 사람들은 자기를 잃고 무너져 버렸습니다.

    예수님께서는 갈릴리에서 귀신에 들리고 악한 영에 사로잡힌 사
람들을 자유하게 하는 일에 집중하셨습니다.마 8:16 예수님께서 귀신을
몰아내신 사역은 한편으로 병자들의 내면에 깃든 악한 세력을 물리
치시고 고치신 사역이기도 합니다. 간질로 고생하는 아이에게서 귀
신을 몰아내신 것이 대표적입니다.마 17:15-18 그런데 예수님께서 귀신을

호수에서 바라본 아르벨 산. 막달라는 물고기 처리소라는 이름의 타리케이아라고 불렸다. 그만큼 갈릴리 호수에는 물고기가 많았다.

내모신 것은 세상의 힘과 사탄의 힘이 연합한 삶의 극악한 현실을 이길 힘을 주신 것이기도 합니다. 예수님께서는 귀신에 사로잡혀 보지 못하고 말하지 못하는 사람을 구원하시고 그들의 눈과 입을 여셨습니다.⁽ᵐ 9:32-34, 12:22⁾ 악한 현실에 묶이고 귀신에 사로잡힌 이들이 스스로의 눈과 입으로 사람답게 제대로 살도록 길을 열어 주신 것입니다.

일곱 귀신에 들렸다가 예수님에게 치유받은 마리아는 막달라의 잔인한 현실을 살아남기 위해 애쓰던 여인이었습니다. 그녀는 무엇을 해서라도 본인과 가족의 생계를 이어야 한다는 부담 속에 하루하루를 견디고 있었을 것입니다. 그러나 그녀에게 닥친 것은 일곱 귀신이었습니다. 그녀는 무너졌고 서로 다른 일곱 영에게 이끌려 자기를 잃어버린 채 살았습니다. 그런 마리아에게 예수님께서 오셔서 귀신을 몰아내셨습니다.⁽눅 8:2⁾ 그녀는 이제 예수님께서 새로 세워주신 참된 자아로 살게 되었습니다. 오늘의 현실을 살아가는 분열된 마리아, 우리에게 예수님께서 오십니다. 예수님께서는 우리 자신이 누구인지 번민하게 하는 귀신들과 악한 영들을 몰아내기 위해 오십니다. 그분을 통해서만 우리는 참된 자아를 회복할 수 있습니다.

막달라의 기도

주여 오셔서 성령을 부어주소서. 분열된 채로 살아가는 나를 주 안에서 온전하게 하소서.

참된 자기로 섬기는 삶

누가복음 8장 2-3절

또한 악귀를 쫓아내심과 병 고침을 받은 어떤 여자들 곧
일곱 귀신이 나간 자 막달라인이라 하는 마리아와
헤롯의 청지기 구사의 아내 요안나와 수산나와
다른 여러 여자가 함께 하여 자기들의 소유로 그들을 섬기더라

막달라 마리아는 독특한 여성입니다. 그녀는 당대의 그 어떤 여성
도 사용하지 못한 방식으로 이름 불린 여성입니다. 그 시대 여성의
이름 앞에 출신 지역이 붙는 것은 흔한 일이 아니었습니다. 여성들
은 대체로 어떤 집안 남자들의 소유로만 알려지는 것이 상식이었습
니다. 누구의 딸, 누구의 아내, 누구의 어머니로만 알려지는 것이 당
시의 관습이었습니다. 그런데 막달라 마리아는 성경에서 거의 유일
하게 지명을 동반하여 이름이 붙여졌습니다. 그래서 사람들은 이 여
성이 막달라라는 독특한 도시 환경에서 독자적인 사업이나 사건으로
유명하게 되었으리라 추측합니다. 그녀는 아마도 출신 집안과 상관
없이 막달라의 척박한 환경에서 자기 일을 벌이고 그 일들을 충실히
수행했을 것입니다. 그렇게 그녀는 꽤 유명해진 것으로 보입니다.

그러나 시대가 그랬으니 여성이 스스로 명성을 얻었다면 그만큼의
대가는 있었을 것입니다. 마리아는 자기 이름을 지키기 위해 상상을
초월하는 하루하루 현실을 이겨나갔을 것입니다. 억세고 자만한 남
자들 틈에서 자기 사업이나 일을 하기 위해 그녀는 그만큼의 고충과
상처를 안고 살아야 했습니다. 우리가 추측하는 대로의 삶을 살았다

막달라 유적. 막달라는 큰 도시만큼이나 종교 시설도 잘 구비되어 있었다. 사진은 정결예식을 치르는 미크베이다.

면, 그런 삶의 결과로 그녀가 일곱 귀신에 사로잡히게 되었다는 것은 충분히 상상할만한 일입니다. 그녀는 자기를 지키느라 자기를 감추고, 자기를 버티느라 자기를 내려놓았을 것입니다. 자기를 더욱 분열하게 하는 악한 영에게 사로잡히고 말았을 것입니다. 결국 마리아는 원치 않는 마음으로 세상 정사와 권세를 섬기는 가운데 자기를 잃었습니다. 참으로 아프고 고통스러운 현실이었습니다.

그런데 예수님을 만난 후로, 예수님의 치유를 받은 후로 마리아는 변했습니다. 그녀는 이후에도 계속해서 자기 일을 하며 살았습니다. 바뀐 것이 있다면 이전에는 자기를 잃어버린 채 세상 권세를 섬겼는데, 이제는 자기를 찾고서 예수님을 섬기는 삶이 되었다는 것입니다.눅 8:2,3 섬긴다는 것이 언제나 노예의 삶을 말하는 것은 아닙니다. 자기 뜻과 의지로, 자기 주체로 섬기는 일은 노예가 아니라 자유인의 선택입니다. 막달라 마리아는 이제 스스로의 뜻으로 자기를 구원으로 인도하신 예수님을 섬기는 삶을 살게 된 것입니다. 우리가 살아가는 현실이 우리의 섬김을 강요합니다. 예수님께서는 세상을 지배하는 거짓된 영에게서 우리를 구원하시고 세상을 섬기는 강요된 삶이 아니라 하나님을 섬기는 자유한 삶을 여십니다.

막달라의 기도
내 삶에 오셔서 나를 자유하게 하시니 이제 나는 주님만 예배하고 섬기겠습니다.

Forty day Meditations for Spiritual Pilgrims

거라사

세상을 이기는 길

세상으로 건너간 사람들

누가복음 15장 28절

그가 노하여 들어가고자 하지 아니하거늘
아버지가 나와서 권한대

데가볼리Decapolis는 요단 동편 지금의 요르단 땅에 있던 헬라화된 Hellenized 열 개 도시들이 있던 지역이었습니다. 로마인들은 시리아와 유다 그리고 이곳 열 개 도시들을 정복한 뒤 이 도시들에게 정치, 경제적인 자유를 주고 데가볼리라는 별도의 행정구역으로 묶어 두었습니다. 알렉산더와 그를 이은 프톨레마이오스 및 셀류코스 등은 고대 상업로들이 발달한 이곳 도시들을 집중적으로 개발해 막대한 이득을 취했습니다. 데가볼리의 도시들은 동방에 있었으나 전형적인 그리스 도회지들이었으며 제국 끝에 있었으나 어느 곳보다도 로마를 열렬히 지지했습니다. 도시에는 동방의 종교와 그리스-로마식의 종교가 묘하게 혼합된 신전들이 즐비했고 사람들은 다신교 문화에 열광했으며 그만큼 분방했습니다.

유대인들은 기본적으로 데가볼리를 부정하게 여겼습니다. 가능한 요단 강 건너, 혹은 갈릴리 호수 건너편으로 가지 않으려 했습니다. 그렇다고 유대인들이 다 그런 것은 아니었습니다. 그들 가운데 몇몇, 특히 헤롯과 가까운 사람들은 왕가의 지지를 업고 데가볼리로 건너가 거주하며 활동했습니다. 특히 갈릴리 호수와 가까운 가다라Gadara

쿠르시 일대 비탈길. 예수님께서 방문하신 거라사 일대에는 호수로 이어지는 산비탈이 많았고 길도 구불구불 이어져 있었다.

나 히포스Hippos 같은 곳은 유대인들이 자주 드나들었고 그들은 그곳에서 규모 있는 장사나 사업을 벌였습니다. 디아스포라 유대인들이 당대 전 세계에 걸쳐 수백만 명이 진출해 있던 시절이니 이것이 특별히 이상할 것은 아니었습니다. 그들 가운데 누군가는 이방 세계에서의 삶을 즐겼을 것입니다. 그리고, 누군가는 그곳에서 살아가는 일이 생계의 방편이어서 한없이 마음이 어려울 수도 있었습니다.

유다 땅에서 사는 사람들은 이방 나라에 사는 동족들에 대해 우월 의식이 있었습니다. 유다 땅 사람들은 '탕자 비유'에 등장하는 큰아들과 같았습니다.눅 15:11-32 유다 사람들 눈에 그들은 약속의 땅을 버리고 부정한 세상으로 건너간 사람들입니다. 정도를 벗어나 편법으로 사는 이들, 그래서 진리로 사는 경건함을 잃어버린 사람들입니다. 유다 땅 사람들은 이방의 거리에서 살며 온갖 부정한 것들을 접하는 동족들을 불결하다고 여겼습니다. 그들은 부정한 탕자와 같은 이들과 마주하기를 거부하고 그들이 있는 자리로 "들어가고자 하지 않았습니다."눅 15:28 오늘도 가족들에게조차 인정받지 못하는 삶의 자리에 서서 슬피 울고 있는 사람들이 있습니다. 세상과 다른 종교인들은 몰라도 예수님의 구원을 얻은 우리는 그들에게 다가가 긍휼로 품을 줄 알아야 합니다.

거라사의 기도

무도한 세속의 현실을 슬픔으로 살아가는 영혼을 품게 하시니 그를 위해 중보합니다.

가서 그 나라 백성 중 한 사람에게 붙어 사니

그가 그를 들로 보내어 돼지를 치게 하였는데

그가 돼지 먹는 쥐엄열매로 배를 채우고자 하되

주는 자가 없는지라

누가복음 15장 15~16절

끌려다니는 현실

마태복음 5장 41절

또 누구든지 너로 억지로 오 리를 가게 하거든 그 사람과 십 리를 동행하고

갈릴리 근처 다메섹 쪽 시리아 속주에는 정말 많은 로마군이 상주하고 있었습니다. 3군단, 6군단, 12군단은 주로 북쪽 수리아 안디옥 Antioch of Syria과 두로 및 시돈 사이에 주둔했고, 아우구스투스Augustus가 내전을 치르면서 아버지 카이사르를 기념해 만든 유명한 10군단10th Legion Fretensis은 아예 갈릴리에 배치된 군단이었습니다. 한 개 군단의 정규군이 약 6천 명에서 1만 명 정도였는데, 보조군과 군속까지 포함한다면 정말 많은 로마군과 군 관계자들이 갈릴리 일대에 퍼져 있었을 것입니다. 보통 시리아 주둔군이라고 불린 이들은 일반적인 순찰 활동 외에도 다양한 군사 훈련과 군사적인 외교 활동에 임했습니다. 당연히 로마 군인들은 갈릴리 일대에 수시로 출몰했습니다. 이것은 식민지 사람들에게 정말 큰 두려움이었습니다.

그리스 사람들이 아닌 한에 일반 유대인들은 로마군을 피해 다녔습니다. 로마 군인들이나 관리들에게는 특별한 권한이 있었습니다. 그들은 식민지 사람들에게 자신들의 거처나 먹을 것을 요구할 수 있었고, 군인들의 짐이나 군사 물자를 이동하는 일 혹은 노동에 동원할 수 있었습니다. 이런 일들은 식민지 유다나 갈릴리에서 빈번하게 발

쿠르시의 교회 유적. 비잔틴 시대 사람들은 이곳 쿠르시를 거라사라고 확신했다. 그리고 여기에 순례자들을 위한 멋진 교회당과 그리고 온천을 지어두었다.

생했습니다. 도시로 물건을 팔러 집을 나선 갈릴리 사람이 로마군에게 붙들려 군사 물품을 이동하는 일에 동원된다든지, 혹은 성전에 예배하러 왔던 사람이 로마군의 명령으로 물건을 나르는 일에 동원되는 일 같은 것입니다.마 27:32 식민지 사람들은 이런 요구나 명령을 거절할 수 없었습니다. 어떤 경우에는 로마군의 주둔지까지 끌려가 아무 대가 없이 며칠씩 노동에 동원되는 경우도 많았습니다.

갈릴리의 일반인들이 로마군이 주둔하는 곳, 다메섹 인근이나 데가볼리 땅으로 끌려가는 경우는 흔했습니다. 그들은 그곳에서 며칠 혹은 몇 달이고 로마군이 명령한 노동을 감당해야 했습니다. 예수님께서 말씀하시는 "누구든지 너를 억지로 오 리를 가게 하거든"이라는 말씀은 로마군의 강제 명령을 말하는 것입니다.마 5:41 식민지 사람으로서 갈릴리 사람들이 이런 일을 겪게 되면 생계는 물론이거니와 육체와 마음이 피폐해지기에 십상이었습니다. 특히나 갈릴리 유대인으로서 부정한 땅으로 여겨지는 데가볼리 일대로 넘어가 거기서 기거하며 원치 않는 노역에 시달리는 일은 정말이지 마음의 큰 고통이었습니다. 오늘도 원치 않는 일터의 현실을 마주해야 하는 '우리'가 있습니다. 그 피할 수 없는 현실에서 '우리'는 하늘을 바라보며 힘든 마음으로 강제로 주어진 세상의 일들을 감당합니다. 아픈 현실입니다.

거라사의 기도

주여, 오늘도 말도 안 되는 일터의 현실을 살아갑니다. 나를 찾아오셔서 붙들어 주소서.

불의를 강요당할 때

누가복음 15장 15~16절

가서 그 나라 백성 중 한 사람에게 붙여 사니
그가 그를 들로 보내어 돼지를 치게 하였는데
그가 돼지 먹는 쥐엄열매로 배를 채우고자 하되
주는 자가 없는지라

데가볼리는 헬라인들과 로마인들이 주인 행세를 하는 땅이었습니다. 오래전부터 이방 나라들과 이스라엘이 각축을 벌이던 그 땅에 헬라인들과 로마인들은 그들이 즐거워할 만한 도시를 형성했습니다. 그들은 그 땅에 신전들을 짓고 로마식 공회당이 중심이 되는 광장forum을 만들었으며, 그들만의 오락을 즐길 요량으로 거대한 극장 amphitheater과 경마장hippodrome을 세웠습니다. 몇몇 도시들에는 근동의 도시들에게 사치라고 할 만한 로마식 수도시설도 들어섰습니다. 로마 황제들은 데가볼리의 도시들을 좋아했습니다. 그래서 황제의 이름으로 멋진 건축물들을 헌사하기도 했으며 편의 시설들을 갖출 수 있도록 지원을 아끼지 않았습니다. 헬라와 로마 사람들은 데가볼리 도시들에서 그들의 본토 못지않은 안락함과 즐거움을 얻었습니다.

헬라 사람들과 로마 사람들은 갈릴리 일대에 그들의 주식을 위한 농장을 대규모로 운영했습니다. 헬라 사람들과 로마 사람들은 특히 돼지고기를 즐겼습니다. 당연히 갈릴리 호수 동쪽 골란고원 일대에는 그들을 위한 돼지 농장이 세워졌습니다. 돼지 농장이 일반인들만을 위한 것은 아니었습니다. 농장은 근처 로마 군인들의 진지에 식량

비탈 위에서 바라본 갈릴리 호수. 거라사라 불리는 지경은 거의 헬라화된 곳이었다. 지금도 이 곳 골란고원은 시리아와 접경지대를 이루며 비무장 지대로 남아 있다.

을 공급하기 위해서도 필요한 것이었습니다. 복음서의 기록에 의하면 이 돼지 농장은 유대인들의 거주 지역과 매우 가까운 곳에 형성되어 있었습니다. 심지어 돼지들은 갈릴리 호수 동편 골란고원과 연결

되는 비탈길에서 방목되고 있기도 했습니다. 그래서 돼지를 혐오하는 유대인들은 갈릴리 호수 자체를 부정한 것으로 여기기도 했습니다. 유대인들로서는 바라보는 것만으로도 고역이었습니다.

갈릴리 사람들 가운데 누군가는 이런 농장에서 일을 해야 하는 형편에 빠지기도 했습니다. 예수님께서 비유로 말씀하신 둘째 아들, 탕자의 형편이 그랬습니다.눅 15:13-16 그는 이방의 나라(혹시 데가볼리)에서 재산을 잃고서 돼지 농장에 일꾼으로 보내졌습니다. 그리고 그곳에서 원치 않는 부정한 일들을 감당해야 했습니다. 둘째 아들은 부정한 돼지 농장에서 이방인들의 먹을 것을 위해 일했습니다. 그러면서 자기 먹을 것은 얻지 못하는 비참함에 빠졌습니다. 오늘 우리 역시 둘째 아들과 같은 현실에 빠져 있습니다. 세속을 위해 일하며 그들이 원하는 온갖 불의하고 부정한 것에 손을 대야 하는 아픈 현실입니다. 그렇게 우리는 세속의 일들로 부정해진 손을 모아 하늘 하나님께 구원을 간구합니다.

거라사의 기도

간절히 구하오니 어서 오셔서 불의한 권세를 위해 일할 수 밖에 없는 우리를 구원하소서.

권세에 억눌린 삶

마가복음 5장 9절

이에 물으시되 네 이름이 무엇이냐 이르되
내 이름은 군대니 우리가 많음이니이다 하고

갈릴리 사람들은 로마의 지배 아래 고통당했습니다. 수많은 사람이 로마가 갈릴리에서 일으킨 전쟁과 난리 통에 죽었고 군인들에 의해 포로로 잡혀갔으며 로마의 국가 재정을 충당한다는 명분 아래 노예로 팔려 갔습니다. 그 지배가 본격화된 이후에도 로마는 갈릴리 사람들에게서 너무 많은 세금을 거둬들였고, 수시로 그땅 사람들의 노동력을 강제로 동원했습니다. 힘없는 갈릴리 사람들은 어쩔 수 없이 로마 군인들이 시키는 일들을 수행해야 했습니다. 물건을 나르는 일, 도로를 건설하는 일, 진지를 구축하는 일 그리고 그들을 먹여 살리는 일도 감당해야 했습니다. 식민지 갈릴리 사람들이 로마 군인들의 명령을 거절할 도리는 없었습니다. 그들에게 로마 군단legion과 군인들은 마치 죽음의 화신과 같았습니다.

갈릴리 사람들 가운데 어떤 이들은 로마 군인들의 진지와 거주지로 끌려가 그곳에서 힘들고 천한 일을 도와야 했습니다. 그렇게 이방의 땅에서 점령군의 수발을 드는 일은 고통스러웠습니다. 막중한 노동에 시달리기도 하고, 비방과 멸시와 천대를 받으며 군인들의 편리를 위해 봉사하기도 했습니다. 심지어 유대인으로서 정결 예법에 어

쿠르시 교회당의 바닥 장식. 쿠르시 교회는 순례객들을 맞이하면서 많은 돈을 벌어들였다. 그들은 교회 벽면과 바닥을 멋진 모자이크로 장식했다.

굿나는 일들을 감당하기도 했습니다. 그래서 로마 군인들의 먹거리를 위해 심지어 돼지 농장에서 일하기도 했습니다. 로마 군인들은 폭압적이었습니다. 말을 듣지 않거나 주어진 명령을 제대로 수행하지 않으면 노예보다 못한 처벌을 받아야 했습니다. 주어진 일들을 완수하기까지는 집으로 돌아갈 생각조차 할 수 없었습니다. 로마 군인들에게 끌려간 갈릴리 사람들은 두려움과 공포 속에 하루하루 살아야 했습니다.

폭력적인 점령군 아래서 일하던 갈릴리 사람들은 가끔 제정신을 잃고 귀신에 사로잡히기도 했습니다. 예수님께서 거라사 지경에서 만난 사람이 바로 그랬습니다. 그는 군인들의 폭력적인 강요 아래 살다가 이방의 땅에서 힘들게 살던 정신을 잃고 '군대'legion라는 귀신들에게 사로잡혔습니다.막 5:9 군대 귀신은 그를 이리저리 끌고 다니며 몸과 마음을 상하게 했습니다. 이방의 땅에서 힘들게 살던 그 사람은 사탄에게 사로잡혀 더욱 큰 고통 가운데 있게 되었습니다. 우리 역시 로마로 상징되는 세상과 사탄의 권세에 휘둘립니다. 우리 역시 그 권세 아래서 원치 않는 불의한 일, 부정한 일들을 강요당하다 마음과 정신에 병이 들기도 합니다. 주님께서 어서 오시기를 바랍니다. 주께서 우리를 둘러싼 세상 악을 물리쳐 주시고 공의롭고 평안한 삶으로 인도하시기를 소망합니다.

거라사의 기도

주여 어서 오셔서 우리를 둘러싼 대적을 물리쳐 주소서. 우리에게 평안을 허락하소서.

찾아오신 예수님

누가복음 8장 22절

하루는 제자들과 함께 배에 오르사 그들에게 이르시되
호수 저편으로 건너가자 하시매 이에 떠나

성경에서 '거라사'Gerasa라고 불리는 데가볼리 일대는 대표적인 이방인 거주지역이었습니다. 성경이 말하는 거라사는 요단 강 동편 갈릴리 호수 동남쪽의 몇몇 데가볼리 도시들을 끼고 있는 지역을 의미했습니다. 거라사는 오늘날 제라시Jerash라고 불리는 도시와 가다라Gadara라고 불리는 도시 이름을 따라 그렇게 불리게 되었다는 이야기가 있기도 하고, 혹은 오늘날 쿠르시Kursi라고 불리는 갈릴리 호수 동편 작은 포구 마을의 이름에서 그렇게 불리게 되었다고 보는 견해도 있습니다. 비잔틴 시대부터 사람들은 예수님께서 방문하신 거라사가 갈릴리 동편 쿠르시일 것이라고 생각했습니다. 그리고 그곳을 순례하면서 예수님의 방문과 귀신 축출 사역을 기념하여 교회를 짓기도 했습니다.

갈릴리 호수를 중심으로 유대인들과 이방인들은 각자의 거주지역에서 살았습니다. 로마인들과 헬라인들 그리고 아랍인들이나 나바테아인들은 거리낌 없이 뒤섞였습니다. 그러나 유대인들은 그렇지 못했습니다. 그들은 대체로 막달라로부터 벳새다에 이르는 제한된 지역에 살았습니다. 이방인들과는 가능한 섞이지 않으려 했습니다. 먹

갈릴리 호수 배편에서 바라본 거라사. 예수님께서는 제자들에게 거라사로 건너가자고 말씀하셨다. 제자들로서는 쉽지 않은 여행길이었을 것이다.

고 사는 문제나 혹은 로마와 헤롯에 의한 강제가 아닌 한 유대인들은 이방인들의 거주 지역으로 넘어가지 않으려 했습니다. 할 수 없이 이방의 땅에 다녀오더라도 부정한 것을 보거나 만지지 않으려 애썼습니다. 그 땅을 방문하기라도 하게 되면 오고간 후 정결 예법에 근거한 자기 근신의 시간을 가져야 했기 때문에 그런 불편함은 가능한 피하고 싶었던 것이 갈릴리 사람들의 마음이었습니다.

어느 날 예수님께서 제자들에게 말씀하셨습니다. "호수 건너편으로 가자." 그곳이 이방인들의 거주지역임을 아는 제자들이 탐탁지 않게 여겨서 그랬는지 가는 길에 호수의 물길도 거셌습니다. 예수님의 발걸음을 가로막는 것 같았습니다. 그러나 예수님께서는 파도를 잠잠하게 하면서까지 이방인의 땅으로 가셨습니다.눅 8:23-24 그리고 그 땅에서 세상과 사탄의 권세 아래 신음하는 사람을 찾으셨습니다. 예수님께서는 곤고한 영혼을 찾아 어디라도 가셨습니다. 그리고 그들을 세상 사탄의 권세로부터 자유하게 하셨습니다. 예수님께서는 오늘도 세상 권세에 묶여 절망하며 신음하는 우리에게 찾아오십니다. 고통의 현장에서 마주하는 뜻밖의 방문, 그 놀라운 경험이 오늘 우리에게 일어날 수 있습니다.

거라사의 기도

억압의 자리로 다가오시는 예수님을 봅니다. 주여 어서 오셔서 우리를 자유하게 하소서.

온전한 제자리를 찾은 곳

마가복음 5장 20절

그가 가서 예수께서 자기에게 어떻게 큰 일 행하셨는지를
데가볼리에 전파하니 모든 사람이 놀랍게 여기더라

쿠르시라고 불리는 거라사는 높은 골란고원으로부터 해수면보다
훨씬 낮은 갈릴리 호수까지 급경사를 이루는 갈릴리 동편 비탈길 호
숫가에 있었습니다. 갈릴리 동편은 서편만큼이나, 혹은 서편보다 훨
씬 더 분주한 곳이었습니다. 그곳은 주로 이방인들이 왕래하던 곳이
었는데 갈릴리 호수 동편을 따라 내려가 가다라Gadara 혹은 수구도볼
리Scythopolis로 이어지는 길을 왕래하는 사람들, 혹은 갈릴리 호수 동편
히포스Hippos나 디온Dion, 라파나Raphana를 왕래하는 사람들이 많았습니
다. 이 일대는 확실히 경제적인 거래를 위한 왕래가 빈번한 곳이었습
니다. 그 가운데 쿠르시는 갈릴리 호수 서편 사람들이 배를 타고 갈
릴리를 질러 와서 데가볼리 도시들로 넘어가는 중간 기착지 같은 곳
이었습니다.

거라사 지경의 데가볼리 도시들과 쿠르시 사이에는 다니기 쉽지
않은 가파른 비탈길이 있었습니다. 비탈길은 사람들이 거주하기에
적합하지는 않았습니다. 오히려 돼지나 동물들을 키우는 거대한 농
장들이 골란고원 일대와 연결되어 운영되고 있었습니다. 그리고 비
탈길 한편에는 죽은 사람들을 위한 공동묘지도 있었습니다. 이 비탈

거라사 교회당의 제단. 예수님에 의해 해방된 영혼은 <u>스스로 결단</u>하여 제자의 길로 들어섰다.
예수님께서는 그를 거라사 땅의 제자로 두시고 그를 파송하셨다.

길은 사람들이 사는 곳은 아니었으나 사람들의 왕래는 잦았던 곳이
었습니다. 그 사면에 '거라사의 군대귀신 들린' 사람이 있었습니다.
그는 평소에는 귀신들에 이끌려 공동묘지에 머물렀습니다.막 5:5 그리

고 자기를 해치는 행동을 하다가 지나는 사람들에게 난폭한 행동을 보이곤 했습니다. 사람들은 그를 제어하려 노력했습니다. 그러나 강력한 군대귀신 들린 그를 막을 방법이 없었습니다.

예수님께서는 거라사로 건너가셔서 군대 귀신에 사로잡힌 영혼을 자유하게 하셨습니다. 군대 귀신들은 곧 돼지 떼에게 들어가 그 돼지들을 그대로 비탈길을 내달리해 했습니다. 그래서 호수에 모두 빠져 죽게 했습니다. 군대귀신은 그 폭력적인 경향을 누구에게든 쏟아내야 직성이 풀리는 극악한 존재들이었습니다. 예수님께서는 포학한 사냥꾼의 올무에서 한 마리 새를 풀어주듯 세상과 사탄의 권세에 매여 있던 영혼을 자유하게 하셨습니다.시 124:7 그리고 세상이 아니라 하나님을 위해 수고하는 제자가 되게 하셨습니다. 예수님의 은혜는 세상 권세에 사로잡혀 여지없는 인생을 사는 우리에게 임하십니다. 그래서 상처만 주는 세상 악한 권세를 우리 마음에서 몰아내시고 사랑으로 충만한 은혜로 다시 채우사 우리를 주의 자녀로, 주의 제자로 온전하게 하십니다.

거라사의 기도

무자비한 세상을 위해 수고하던 인생, 주와 주의 나라를 위해 살도록 은혜를 베푸소서.

Forty day Meditations for Spiritual Pilgrims

가이사랴 빌립보

십자가로 부르시는 길

Forty day Meditations for Spiritual Pilgrims

가이사랴 빌립보

십자가로 부르시는 길

세상의 중심으로

마태복음 16장 13절

예수께서 빌립보 가이사랴 지방에 이르러 제자들에게 물어 이르시되
사람들이 인자를 누구라 하느냐

가이사랴Caesarea는 로마 황제에게 헌정된 '황제도시'Imperial City를 의미했습니다. 가이사랴는 양아들 아우구스투스에게 권력을 물려준 로마의 독재자 카이사르Gaius Julius Caesar에게서 온 것입니다. 아우구스투스가 황제가 되면서 스스로를 카이사르라고 칭하자 제국 곳곳 식민지들은 충성을 경쟁하듯 자기들 도시 이름을 가이사랴로 바꾸고서 도시를 헌사했습니다. 예수님 시대 헤롯 왕가가 대표적입니다. 헤롯 대왕이 먼저 지중해 해변에 가이사랴를 지어 바쳤습니다. 그의 아들 헤롯 안티파스는 갈릴리 호수 변에 티베리아Tiberias, 디베랴라는 도시를 지었습니다. 이어서 헤롯 빌립2세는 갈릴리 호수 북동부 가울란티스Gaulantis의 바니아스Banias를 개편해 황제에게 바쳤습니다. 사람들은 그의 도시를 아버지의 황제도시와 구별하여 '빌립의 가이사랴'Caesarea Philippi라고 부르게 되었습니다.

로마의 황제들은 그런 지역 지도자들의 호의를 흔쾌히 받아들이고 도시에게 면세나 자유도시와 같은 많은 혜택을 주었습니다. 당연히 도시들은 황제의 도움을 힘입어 발전했습니다. 그리고 주변에서 군계일학으로 돋보이는 멋진 도시로 성장했습니다. 황제도시들은 단연

헬몬의 샘. 바니아스의 샘이라고도 불리는 이곳은 일년 내내 물이 마르지 않고 풍성하다. 이 물이 흘러 요단 강을 이룬다.

지역의 중심지였고 작은 로마와 같은 역할을 했습니다. 황제와 로마인들은 황제도시를 그들의 거점도시로 활용했습니다. 사람들은 황제도시로 몰려들어 그곳 지배자들과 그리고 로마인들과 교류하려 들었습니다. 황제도시로 가서 거기서 이름을 얻고, 그리고 제국의 중심 로마로 향하는 것이 당대 세상에서 성공하는 길이었습니다.

예수님께서 어느 날 제자들에게 가이사랴 빌립보로 가자고 하셨습니다. 예수님의 이번 여행은 세상의 중심으로 가는 길이었습니다. 물론 예수님의 세상 중심으로 나아가는 길은 출세나 성공을 위한 것이 아니었습니다. 그것은 오히려 세상 중심에 서서 그 세상을 쥐고 있는 권세를 하나님의 뜻과 방법으로 이기는 길이었습니다. 예수님께서는 로마나 헤롯, 예루살렘이 아닌 하나님 중심의 대안 비전alternative vision을 꿈꾸셨습니다. 당연히 세상은 그런 예수님의 길을 미워하고 두려워합니다. 예루살렘도 그랬습니다. 예수님께서 가신 길의 궁극은 이렇게 세상의 것과 다른 길이었습니다. 예수님과 만나 예수님과 동행하는 제자들의 길은 세상 한가운데로 나아가면서도 그 세상에 '속'하지 않고 그 세상에 대해 '승리'합니다.요 17:14

가이사랴 빌립보의 길

주께서 나아가신 세상 중심을 향한 길, 그 의미를 분명히 아는 제자가 되게 하소서.

이에 예수께서 제자들에게 이르시되
누구든지 나를 따라오려거든
자기를 부인하고 자기 십자가를 지고
나를 따를 것이니라
마태복음 16장 24절

참된 근원

마태복음 16장 15절
이르시되 너희는 나를 누구라 하느냐

가이샤라 빌립보는 고대로부터 요단 강의 근원지로 알려진 곳입니다. 요단 강은 네 곳의 수원지로부터 흘러나온 네 개의 강이 하나의 강으로 합쳐진 것인데 그 가운데 하나가 가이사랴 빌립보 도시 상부에 위치한 바니아스 샘Banias Spring과 바니아스 강입니다. 요단 강은 이렇게 시작되어 250여 킬로미터를 흘러 사해까지 이르며 단에서부터 브엘세바에 이르는 메마른 이스라엘 땅을 적시는 젖줄이 되는 것입니다. 바니아스라는 지명은 숲의 신 판Pan에서 유래했습니다. 반은 염소이고 반은 사람인 이 신은 원래 숲의 요정이었는데 근동에서 풍요를 관장하는 신이 되었습니다. 알렉산더 시대를 거치면서 사람들은 이곳에서 판 신에게 예배했고 그렇게 이곳과 이곳을 관장하는 신 판은 세상 모든 풍요로움을 제공하는 근원이 되었습니다.

지금도 그렇지만 고대로부터 이곳은 풍성한 땅이었습니다. 살기 좋다는 소문이 났는지 단 지파는 사명으로 얻은 땅을 버리고 라이스라고 불리던 이곳에 새로 정착하기도 했습니다.삿 18:29 그들은 사명으로 주어진 삶의 자리에서 참된 근원이신 하나님과 동행하는 것이 옳다는 것을 알면서도 그 자리를 벗어났습니다. 그들은 물이 풍성하고

바니아스 폭포. 요단 강으로 흘러들어가는 바니아스 강의 수량은 엄청나다. 이스라엘 여행에서 보기 힘든 엄청난 수량의 계곡물이 여기서 흐른다.

땅이 비옥한 요단 강의 수원지야말로 그들의 풍요로운 미래를 보장해줄 자리라고 여겼습니다. 단 지파뿐이 아닙니다. 역사 내내 사람들은 줄곧 이곳을 찾아 숭배하기를 즐겼습니다. 그들은 주어진 삶의 자리에서 하늘로부터 주어진 사명을 신실하게 감당하기보다 일 년에 한 차례 수원지 신전을 찾아가 거기에 제물을 바치고 혼미한 축제와 같은 제사에 빠지는 것이 삶의 풍요를 얻는 길이라 여겼습니다.

예수님께서 가이사랴 빌립보에서 제자들에게 물으셨습니다. "너희들은 나를 누구라 하느냐."마 16:15 예수님의 질문은 풍요의 근원에 대한 세상의 잘못된 편견 앞에서 제자들에게 참된 근원을 찾아 길을 나서라는 요청이었습니다. 인생의 참된 근원이 무엇인지를 깨닫는 자리는 신의 정기가 깃들어 있을 법한 어떤 신령한 장소가 아닙니다. 인생의 참된 근원이 무엇인지 깨달을 수 있는 곳은 오히려 예수님의 십자가 길입니다. 십자가 길은 자기를 바쳐 참 진리를 얻는 여정입니다. 그 길은 참된 본질과 근원에 대하여 질문하고 대답하며 그것들을 곱씹는 길입니다. 그 신실한 순례의 길의 끝에서 예수님 십자가 앞에 서게 될 때 우리는 그곳이 우리 인생의 참 근원임을 깨닫게 됩니다.

가이사랴 빌립보의 기도

주여, 주님 지고 가신 십자가 길에서 내 삶을 역동적이게 하는 근원을 발견하게 해 주소서

참된 고백

마태복음 16장 16절

시몬 베드로가 대답하여 이르되 주는 그리스도시오
살아 계신 하나님의 아들이시니이다

가이사랴 빌립보 도시 가장 위쪽에는 풍성한 바니아스 샘과 함께 판 신전, 제우스 신전 그리고 아우구스투스 신전 세 개가 나란히 서 있었습니다. 그 신전 아래로는 지금도 바니아스 샘이 풍성하게 솟아 흐르고 있습니다. 사람들은 매년 한 번 씨를 뿌릴 때나 결실을 거두어들일 때 이곳에 와서 염소와 더불어 축제를 벌이고 염소를 제물로 바치면서 한 해의 풍요를 기원했습니다. 이곳에 세 개의 신전이 있었던 이유는 분명합니다. 하나는 지역의 신 판을 섬기는 것이고, 다른 하나는 신들 가운데 최고의 신 제우스를 숭배하는 것, 그리고 마지막은 인간 세계의 최고 권력자 황제를 신으로 숭배하는 것입니다. 말하자면, 지역과 온 우주, 인간 세계 모두를 아우르는 최고의 존재들에게 예배하면서 삶의 안녕과 풍요를 기원하는 것이었습니다.

가이사랴 빌립보 도시와 신전을 지은 사람들은 종교와 일상이 부합하는 멋진 메카니즘을 완성했고, 사람들은 그것을 즐기는 가운데 자연스럽게 세 신들에게 자기들의 삶과 영혼을 의탁했습니다. 가이사랴 빌립보에는 요단 강 수원지와 신전들 앞에서 벌어지는 다양한 축제와 쇼를 구경하고 신들을 경배하려는 사람들로 북적댔습니다.

가이사랴 빌립보의 왕궁터. 헤롯 빌립과 그의 후계자 헤롯 아그립바 2세는 여기에 자기들의 멋진 왕궁을 지었다. 그리고 세상의 근원 가이사랴 빌립보의 풍요를 여기서 즐겼다.

요단 강에 깃들어 사는 사람에게 판 신, 제우스 신 그리고 아우구스투스 황제 신은 진정한 주관자이며 주인들이었습니다. 사람들은 그 세 신들의 신전 아래에서 흘러나오는 요단 강 물이 갈릴리와 골란,

사마리아와 데가볼리 및 유다와 베레아를 지나 사해를 넘어 아라비아와 이두메 일대 광야를 사는 모든 사람들에게 풍요의 근간이 된다고 믿었습니다. 당연히 이 세 신은 그들에게 참 주인이었습니다.

예수님의 제자 베드로는 종교적 메카니즘이 멋지게 작동하는 가이사랴 빌립보 한복판에서 전혀 다른 주인lord, kurios에게 신앙을 고백했습니다. 베드로는 십자가로 구원의 은혜를 흘려내려 보내신 예수님이야말로 그가 참으로 믿고 따를 주님이라 선언했습니다. 하나님의 은혜로 살아가는 사람들은 세상 다른 우상이 아니라 예수님 십자가 아래로부터 솟아오르는 생수로 풍요로운 삶을 경험합니다. 에스겔의 성전 동편에서 흘러나오는 물이 만물을 살아나게 한 것처럼 예수님의 십자가 은혜야말로 세상 모든 사람과 피조물을 살릴 은혜의 요단 강물입니다.겔 47장 예수님의 제자들은 세상 사람들이 자기들 인생의 주인이라 여기는 헛된 신들 앞에서 십자가 예수님이야말로 그 무엇과도 바꿀 수 없는 참된 주님이심을 고백하는 사람들입니다.

가이사랴 빌립보의 기도

예수님, 십자가를 지신 당신만이 나의 주님이시오, 구원자이십니다.

십자가의 길을 막아서는 자

마가복음 8장 32~33절

드러내 놓고 이 말씀을 하시니 베드로가 예수를 붙들고 항변하매
예수께서 돌이키사 제자들을 보시며 베드로를 꾸짖어 이르시되
사탄아 내 뒤로 물러가라 네가 하나님의 일을 생각하지 아니하고
도리어 사람의 일을 생각하는도다 하시고

　가이사랴 빌립보는 풍광이 멋진 도시였습니다. 헤롯 빌립이 지은
신전들은 하얀색 대리석으로 빛이 났습니다. 그 아래로 펼쳐진 광장
forum과 도로들 역시 잘 정비되어 있었습니다. 무엇보다 헤롯 빌립 2
세와 헤롯 아그립바 2세의 궁전은 주변 풍광과 잘 어울렸고 도시 건
축물 가운데 자랑이었습니다. 그러나 최고는 도시 옆을 흘러내리는
계곡과 주변 시설이었습니다. 도시는 바니아스 샘으로부터 흘러나오
는 엄청난 양의 물이 계곡을 이루어 흘러 내려가는데, 가이사랴 빌립
보는 그 계곡이 이어지는 한편을 끼고 건설되어 있었습니다. 당연히
그 계곡을 따라 사람들이 즐기고 쉴 수 있는 시설들이 갖추어져 있었
습니다. 로마 사람들과 그리스 사람들 그리고 헤롯의 사람들은 계곡
을 따라 흐르는 도시가 주는 여유를 충분히 즐겼습니다.

　그러나 그들의 여유로움과 풍요로움은 계곡을 따라 아래로 흘러
내려가지 않았습니다. 통치자들과 주로 로마인들과 그리스인들 그리
고 헤롯 왕가 사람들로 이루어진 시민들은 가이사랴 빌립보가 주는
여유로움과 풍요로움을 그들의 도시에서만 누리기를 바랐습니다. 가
이사랴는 황제의 도시임에도 불구하고 주변 가울란티스 지역과 갈릴

가이사랴 빌립보 유적지 삼단 폭포. 가이사랴 빌립보 도시 유적 옆으로 바니아스 계곡이 흐른다. 사람들은 일부러 물길을 끌어들여 도시 풍광을 아름답게 했다.

리 사람들에게 기쁨과 평안이 되지 못했습니다. 도시가 가진 풍요함과 넉넉함은 도시의 물이 흘러드는 갈릴리 일대 사람들에게 미치지 않았습니다. 그들은 판Pan과 제우스Jeus, Jupiter 그리고 아우구스투스 황제Emperor Augustus에게서 얻은 은혜를 요단 강을 따라 흘러내려 보내지 않고 그들만의 것으로 삼았습니다. 도시 아래 삶의 평안을 갈망하는 많은 사람의 눈물어린 탄원은 한사코 외면당했습니다.

예수님께서 십자가 은혜를 세상 사람들에게 흘려보내고자 하셨을 때 베드로는 그것이 옳지 않다고 여기고 예수님의 십자가 길을 막아섰습니다.[막 8:32-33] 그는 가이사랴 빌립보 사람들처럼 그리고 가룟 유다처럼, 예수님의 은혜를 몇몇 사람들만의 것으로 제한하려 했습니다. 예수님께서는 당장 베드로를 꾸짖으셨습니다. 그리고 사람의 일과 방식이 아니라 하나님의 일과 하나님의 방식을 생각하라고 일깨우셨습니다. 예수님의 은혜는 요단 강물처럼 흘러가야 합니다. 그래서 죽은 것 같은 사해마저 살릴 수 있어야 합니다. 오늘 우리는 예수님의 십자가의 길을 순종해야 합니다. 그 은혜가 세상 곳곳 모든 흑암에 사는 백성들에게 생명의 물로 도달할 수 있도록 은혜의 물길을 터는 제자들이 되어야 합니다.

가이사랴 빌립보의 기도

주의 은혜가 머물지 않고 이 땅 낮은 곳으로 흘러 간구하는 이에게 생수가 되어 주소서.

십자가의 길로 가자

마태복음 16장 24절

이에 예수께서 제자들에게 이르시되 누구든지 나를 따라오려거든
자기를 부인하고 자기 십자가를 지고 나를 따를 것이니라

예수님께서 사역하신 갈릴리 호수 주변과 유다 산지 위 예루살렘 사이에는 약 1천 미터의 차이가 있습니다. 갈릴리는 해수면보다 2백 미터 낮은 곳에 있었고 예루살렘은 해수면보다 약 8백 미터 높은 곳에 있었습니다. 많은 사람이 높아지기 위해, 힘을 얻기 위해 높은 시온산 예루살렘으로 갔습니다. 거기서 높고 힘 있는 헤롯 왕가와 성전 제사장들, 여러 회당의 바리새인 사람들과 어울렸습니다. 에세네파와 어울리면 좀 더 고매해지지 않을까 여기며 그들만의 거주지로 다가서기도 했습니다. 사람들이 높은 곳 예루살렘으로 올라가는 이유는 분명했습니다. 누군가 자기를 함부로 하지 못할 힘을 얻고자 함이었습니다. 그러나 그렇게 힘을 얻은 사람들은 결국에 자기들보다 낮은 곳, 갈릴리와 같은 곳 사람들을 그 힘으로 좌지우지했습니다.

확실히 예루살렘은 갈릴리 사람들의 삶을 주도했습니다. 예루살렘은 갈릴리 사람들의 가난과 절망, 고통과 슬픔의 원인 제공처였습니다. 갈릴리의 고통은 결국에 예루살렘에서 해결해야 했습니다. 예수님께서는 예루살렘으로 가기로 결단하셨습니다. 예수님께서는 예루살렘의 위정자들과 대결하여 고통당하는 갈릴리 사람들에게 참 자유

가이사랴 빌립보의 신전 유적. 도시에는 종교적으로 매우 잘 다루어진 신전들이 있었다. 이 신전은 요단 강의 수원지에 위치하면서 당대 팔레스타인 전반을 지배했다.

를 안겨 주기로 하셨습니다. 제자들은 예수님의 예루살렘 여행에 기대감을 품었습니다. 예수님께서 예루살렘에서 모종의 일을 추진하셔서 이스라엘의 왕이 되지 않을까 기대했습니다. 그렇게 되면 제자들은 예수님의 왕궁에서 한 자리씩 차지하게 될 것입니다.^{막 10:35-37} 그렇게만 된다면 그들은 그 권세로 세상의 권세자들을 오히려 다스릴 수 있게 될 것입니다.

그러나 예수님께서는 제자들과 다른 생각으로 예루살렘에 올라가셨습니다. 예수님은 거기서 높고 힘 있는 자리로 올라서려 하지 않으셨습니다. 예수님께서는 종이 되어 십자가에 죽는 길을 선택하셨습니다.^{빌 2:6-8} 힘과 권세를 가진 자리는 지금보다 더 높은 곳을 추구할 뿐 사람들을 자유하게 할 의지를 품지 않습니다. 오히려 낮아져 섬기는 자리는 자기는 죽을지언정 사람들을 자유하게 하는 은혜를 끼칩니다. 예수님께서는 묵묵히 그 길로 가셨습니다. 그것이 평화의 왕이 가야할 진정한 길이었습니다. 예수님께서는 제자들에게도 십자가 길을 제안하십니다. 제자는 낮아져 섬기고 희생해야 세상에 구원의 빛을 전할 수 있음을 아는 사람들입니다. 예수님 십자가의 길을 묵묵히 따르는 것이야 말로 세상에 참 자유를 전하는 길입니다.

가이사랴 빌립보의 기도

주님 따라 낮아지고 섬기며 십자가를 지는 가운데 세상에 구원의 빛을 전하게 하소서.

승리를 확신하며

마태복음 16장 28절

진실로 너희에게 이르노니 여기 서 있는 사람 중에 죽기 전에
인자가 그 왕권을 가지고 오는 것을 볼 자들도 있느니라

갈릴리 사람들의 마음에는 진한 패배주의가 가득했습니다. 갈릴리
사람들은 자기들을 지배하고 다스리며 고통과 절망만 안겨주는 세상
권세를 이길 수 없으리라 생각했습니다. 사실 갈릴리 사람들은 누구
보다 세상 권세에 대담하게 저항해온 사람들이었습니다. 그들은 한
때 세포리스Sephoris를 무력으로 점령하면서까지 변화의 가능성을 기
대했던 사람들입니다. 그러나 그들은 아르벨 산Mt. Arbel에서 잔인하게
진압당하고 많은 사람이 십자가 처형으로 죽어가는 체험을 통해 깊
은 절망을 동시에 쌓아온 이들이기도 했습니다. 갈릴리 사람들의 마
음에는 "갈릴리에서는 선한 것이 나올 수 없다"는 부정적인 마음이
가득했습니다.

제자들은 예수님께서 힘없이 체포되는 모습을 보면서 깊은 좌절에
빠졌습니다. 그 밤에 그들은 도망쳤습니다. 베드로는 감출 수 없는 억
센 갈릴리 사투리로 자신이 '저 갈릴리 사람 예수'와 어울리지 않았
다고 강변했습니다.막 14:66-72 제자들은 예수님의 허무한 체포와 심문,
그리고 십자가 처형의 과정을 보면서 다시 한번 '갈릴리에는 희망이
없다'라고 느꼈을 것입니다. 나다나엘이 '갈릴리 나사렛에서 선한 것

갈릴리 호수에서 본 헬몬 산. 맑은 겨울 날 갈릴리 호수에서는 가끔 헬몬 산을 목격할 수 있다. 호수와 갈릴리 언덕들 그리고 눈 덮인 헬몬 산이 멋진 풍광을 이룬다.

이 있더냐'고 했던 질문은 결국 옳았습니다. 갈릴리 출신 제자들은 예수님께서 무덤에 계시던 내내 그들의 지난 세월을 의심했습니다. 베드로는 그가 가이사랴 빌립보에서 고백한 것이 얼마나 허망한 것이었던지를 곱씹었을 것입니다.

갈릴리의 절망스러운 현실이 마음에 화인처럼 박힌 사람들이 부활을 믿는 것은 어려운 일입니다. 베드로가 "내가 주님으로 고백한 분에게 그런 일은 일어나지 않으리라"고 화내듯 외친 것은 당연해 보입니다. 예수님께서는 제자들에게 당신이 반드시 부활하리라는 것을 여러 차례에 걸쳐 말씀하셨습니다.막 8:31, 마 12:40, 16:21 예수님께서는 제자들에게 "마음에 근심하지도 말고 두려워하지도 말라"고 당부도 하셨습니다. "인자가 그 왕권을 가지고 오는 것을 볼 자들도 있느니라" 말씀하시며 최종 승리가 당신과 당신을 믿는 사람들에게 있으리라 선언하셨습니다.마 16:28 남은 것은 부활이 실제 일어나기까지 믿음을 버리지 않는 것입니다. 예수님께서 부활하리라 말씀하신 그날의 전야는 절망스럽게 두려워 가냘프게 흔들리는 시간입니다. 그러나 차갑게 가라앉은 그 밤을 굳건한 믿음으로 보내고 나면 주님 부활로 밝히 빛나는 새벽을 맞이할 것입니다. 중요한 것은 믿음으로 그 승리의 때를 기다리는 것입니다.

가이사랴 빌립보의 기도

승리를 의심하게 하는 밤일지라도 주의 부활을 소망하며 아침을 맞이하게 하소서.

Forty day Meditations for Spiritual Pilgrims

Epilogue

부활의 아침

다시 갈릴리로

마가복음 16장 6~7절

청년이 이르되 놀라지 말라 너희가 십자가에 못 박히신
나사렛 예수를 찾는구나 그가 살아나셨고 여기 계시지 아니하니라
보라 그를 두었던 곳이니라 가서 그의 제자들과 베드로에게 이르기를
예수께서 너희보다 먼저 갈릴리로 가시나니 전에 너희에게 말씀하신 대로
너희가 거기서 뵈오리라 하라 하는지라

의심스럽고 두려운 밤이 지나고 부활의 아침이 밝았습니다.
부활의 현장으로 온 세 여인에게 천사가 말했습니다.
예수님은 여기 계시지 않고 다시 살아나셨습니다.
그분이 누우셨던 곳을 보십시오. 아무것도 없습니다.
부활하신 예수님께서는 먼저 갈릴리로 가셨습니다.
예수님께서는 제자 여러분도 그리로 오라 하셨습니다.

예수님께서는 부활하신 후 다시 갈릴리로 오셨습니다.
갈릴리 사람들에게 부활하신 당신을 보이셨습니다.
의심과 불안에 휩싸여 가장 어두운 밤을 보낸 사람들,
갈릴리에서 다시는 의롭고 선한 일들이 일어나지 않으리라 다짐하며
예수님을 만나기 전 일상으로 돌아가려 했던 사람들,
억압하고 강요하며 불의한 구조 속에 자기들을 가둔
갈릴리의 그 폭압적인 그늘 밑으로 다시 들어가려했던 사람들,
그들에게 당신의 사역이 기어코 완성되었음을 전하고
주저앉은 갈릴리 사람들을 다시 일으키려
예수님은 갈릴리로 오셨습니다.

가서 그의 제자들과 베드로에게 이르기를 예수께서 너희보다 먼저
갈릴리로 가시나니 전에 너희에게 말씀하신 대로
너희가 거기서 뵈오리라 하라 하는지라

마가복음 16장 7절

오늘 부활의 아침, 예수님께서는
갈릴리 그 이방의 땅에서 죄인처럼 취급당하여 살던 우리에게
이제 억압과 매임은 완전히 끝이 났으니 참으로 자유하라 하십니다.
누군가의 강요가 아닌 자유한 자의 선택으로 제자의 도리를 이루고,
누군가의 강제가 아닌 해방된 자의 결단으로 십자가의 길을 가며,
신실하게 떠오른 부활의 태양 그 아침의 밝은 자유의 빛을
예수님과 함께 맞이하자 하십니다.

이 아침 예수님께서 부활하셨습니다.
부활하신 예수님께서 갈릴리 우리에게 오셨습니다.
우리도 무덤 속 같은 어둠으로부터 다시 일어섭니다.
예수님의 제자로 예수님의 십자가 능력으로 일어섭니다.
우리가, 우리 믿음이 반드시 승리합니다.
아멘.